世界に恋する
旅時間

YUKA

Bon Voyage

ČESKÉ ZÁPALKY
1909 - 60 LET - 1969
LES ENFANTS DE MARIE.
LA DÉVOTION À LA Ste VIERGE
est une arme de salut
que Dieu donne
DDR 25
PRIORYTET
PRIORITAIRE

Prologue

この広い地球上
たくさんある国の中から旅しようと選んだ国。

きっかけは色々あるけれど……。
たった一枚の写真が
“運命の出会い”になることがあります。

全く知らなかった国や街が
人生の1ページを彩ってくれる。
そんな不思議なご縁に奇跡を感じる“旅”。

この本は、私が世界中を旅してきた中から
お気に入りの街並みや思い出のカケラを
ギュッと詰め込んだ、とっておきの一冊になっています。

ページをめくるたび、一緒に世界を旅しているように
いろんな国のHappyが
誰かの、何かのヒントになると嬉しいです。

良いこともトラブルでさえも
旅での経験や気づきは一生の宝物。

世界にたったひとつ
あなただけのトキメキの旅に出会えますように。

CONTENTS

Artic Ocean
EUROPE
Austria p.84
United Kingdom p.11
Baltic States p.142
Poland p.62
Belgium p.112
Germany p.104
Czech Republic p.52
ASIA
Slovakia p.92
Switzerland p.94
Hungary p.71
France p.34
Italy p.115
Bosnia Herzegovina p.130
Portugal p.134
Spain p.22
Montenegro p.132
Greece p.45
Turkey p.172
Morocco p.182
Croatia p.122
Tunisia p.180
Nepal p.165
AFRICA
Indian Ocean
AUSTRALIA

WORLD
JOURNEY
NORTH
AMERICA
Pacific
Ocean
Atlantic
Ocean
SOUTH
AMERICA
Peru
p.157
Bolivia
p.149

The world is wide and beautiful
There are so many miracles and
new discoveries there. Every time
I traveled in such a world,
I realize how small My sense
of values until just before and
found something new!
Journey to the world you've
never seen before in having new
your eyes and your soul.

United Kingdom
イギリス

20年ほど前のこと、初めて海外で暮らしてみたいと思い
ひとりで旅立った街がロンドンでした。
ヨーロッパの古いものを大切にする文化が色濃く残り
イギリスらしい重厚感漂う雰囲気がステキなロンドン。
この街で学校に通いながら、見るもの出会うものすべてが新鮮で
毎日、ドキドキワクワクしていたこと覚えています。
社会人になってからも時間を見つけて語学学校に通ったり
私にとってロンドンは特別で大好きな街。

花に囲まれる初夏のロンドンもステキ！

London

歴史と伝統に彩られたロンドンひとり旅

1 地下鉄はどこに行くにも便利！
2 衛兵交代式は季節によって
変わる衣装も必見！　3 クラッシックなロンドンタクシー

Changing of the Guard

アフタヌーンティーはもちろんのこと
世界遺産巡りやアンティーク雑貨ショッピング
エンターテイメントなど、楽しみがギュッとつまっています。
少し電車で遠出すれば、イギリスらしい可愛い村が点在し
ユーロスターに乗れば近隣国にも簡単に行けます。
どこへ行くにもアクセスが良く安心して過ごせるので
女性ひとり旅にもぜひおすすめしたい街のひとつです。

Santa special!

Cotswolds

はちみつ色の村を巡るコッツウォルズ地方の旅

のんびりと過ごしたいときは
ロンドンから電車に乗って
コッツウォルズ地方を旅してみませんか？
のどかな風景、穏やかな村の人たち。
絵本に出てくるような
可愛いらしい村が点在しています。
ツアーではなく、鉄道やバス、タクシーを
上手に組み合わせて
お気に入りの村を訪れてみてください。
きっと、心に残るステキな旅に出会えるでしょう。

コッツウォルズストーンの素敵な家

アンティークショップ巡りはチッピング・カムデンへ

ハフキンスには人気のBagがズラリ！

Antique city

地元の人も集まるパブには可愛い看板ネコがお出迎え

まるで絵本に出てきそうな建物

ミンスター・ラヴェルは可愛いらしい茅葺き屋根の家が並ぶ

小さな村でみつけた真っ赤なイギリスアンティークのポスト

ドアと窓だけでも絵になるコッツウォルズの小さな村

お腹いっぱいになるほどボリューム満点のスコーンでクリームティー

Happy morning

マナーハウスでの朝食はお庭を眺めながら
“ Full English Breakfast ”

はちみつ色のストウ・オン・ザ・ウォルド。クラッシックカーが村の雰囲気にぴったり！

チェルトナムで泊まったB&Bのインテリア。イギリスらしい雰囲気がステキ！

Cotswolds train trip 1

Bibury

ゆるりとした時間が流れるおとぎの村バイブリー

Arlington Row

14世紀に建てられた石造りの家が並ぶアーリントン・ロウ。まるでおとぎの世界に迷い込んだかのよう。ここには精霊がいるとのうわさが……

木製の標識もステキ！

小さな村で静かにゆったり過ごす旅をしてみたい。
そんな願いを叶えてくれるのが
英国で最も美しい村として人気のバイブリー。
まるで、おとぎの世界に迷い込んだかのような
歴史を感じる石造りの家々が並びます。
朝靄の中歩くアーリントン・ロウの美しさといったら……
日帰りではなく、ぜひ一泊だけでも滞在して
この村の雰囲気を味わってみてください。
村全体が静かで心地のいい
ゆったりとした雰囲気に包まれています。

早朝は人も少なくおすすめです

村を散策中見つけたステキなお家

The Swan Hotel

バイブリーのランドマーク的存在になっている老舗「スワンホテル」。19世紀に建てられた歴史ある建物でイギリスの雰囲気を満喫できます。日帰りでバイブリーを訪れるならランチやアフタヌーンティーだけでも楽しんでみて。暖炉のあるブラッスリーの雰囲気が格別でとっておきの時間を過ごせます。

Cotswolds train trip 2

Castle Combe

とびきりキュートなはちみつ色の村カッスル・クーム

Relaxing time

イギリスで一番可愛い村として人気のカッスル・クームは
200年前のまま時が止まったかのように静かな村。
可愛いティールームでのんびりお茶を楽しんだり
フットパスを散歩してゆったりとした時間を
過ごしてみてください。

POINT
バスの本数が少ないのでタクシー
チャーターがおすすめ。

Cotswolds train trip 3

Moreton in marsh

クリームティーを楽しむモートン・イン・マーシュ

ロンドンパディントン駅から電車一本でアクセスできる便利な村モートン・イン・マーシュ。コッツウォルズの小さな村を巡るとき、ここを拠点にするととても便利です。可愛いティールームがいくつもあるので、紅茶好きならぜひ訪れてみて。ステキなマナーハウスホテルでの滞在もおすすめです。

POINT

人気のストウ・オン・ザ・ウォルドにはバスで10分と便利！

The Manor House

昔の邸宅を改装したマナーハウスホテル。緑豊かな庭園を見渡しながらいただく朝食は格別です。お部屋もイギリスらしいインテリアでまとめられていて、ふかふかのベッドが最高！

Cotswolds train trip 4

Corsham

花に彩られたチャーミングな村コーシャム

POINT

チッペナム駅からバスで10分。カッスルクームやバースにもアクセスしやすい。

ガイドブックにはあまり紹介されていない小さな村ですが、はちみつ色の建物は色とりどりの花で彩られとてもチャーミング！16世紀に建てられたコーシャムコートのガーデンも必見です。道ゆく人みんなが声をかけてくれるのどかな雰囲気のコーシャム。観光客も少なく静かに過ごせます。

The Methuen Arms

コーシャムの中心に位置する邸宅ホテル「ザ・メスエンアームズ」。お部屋はコンパクトで可愛い。併設のパブで美味しい地ビールが楽しめます。夏は風が心地いいテラスでくつろいでみて。

Travel Column

英国では極上のマナーハウスで貴族気分を

イギリスを訪れるなら一度は泊まってみたいマナーハウス。格式ある貴族の館を宿泊施設として改装し、 広大な敷地と英国ならではの優雅な雰囲気での滞在が人気です。何百年もの時を経て受け継がれてきた中世の“貴族の暮らし”。歴史を感じるクラシカルな館内では、自然と背筋が伸びる思いがします。

1 くつろぎスペースも雰囲気があって素敵　2 朝食ルームからの眺めも最高！　3 朝食はイギリスのFull English Breakfast　4 ラウンジでは読書をしたり、ゆったりとくつろいで

Manor House

アンティークの家具や調度品の数々に囲まれて、ちょっぴり大人の滞在を。大自然に囲まれたフットパスを散歩したり、広大な敷地を楽しめるのも宿泊客の特権のひとつ。午後はお庭でゆったりとアフタヌーンティーを楽しんでもいいですね。できれば数日、ゆったりと滞在して貴族気分を味わって過ごしてみてください。

1 個室のミーティングルーム
2 重厚な門扉を通りお屋敷へ
3 広大なガーデンも魅力のひとつ　4 部屋も広く快適！
5 先祖代々の写真に思いを馳せて

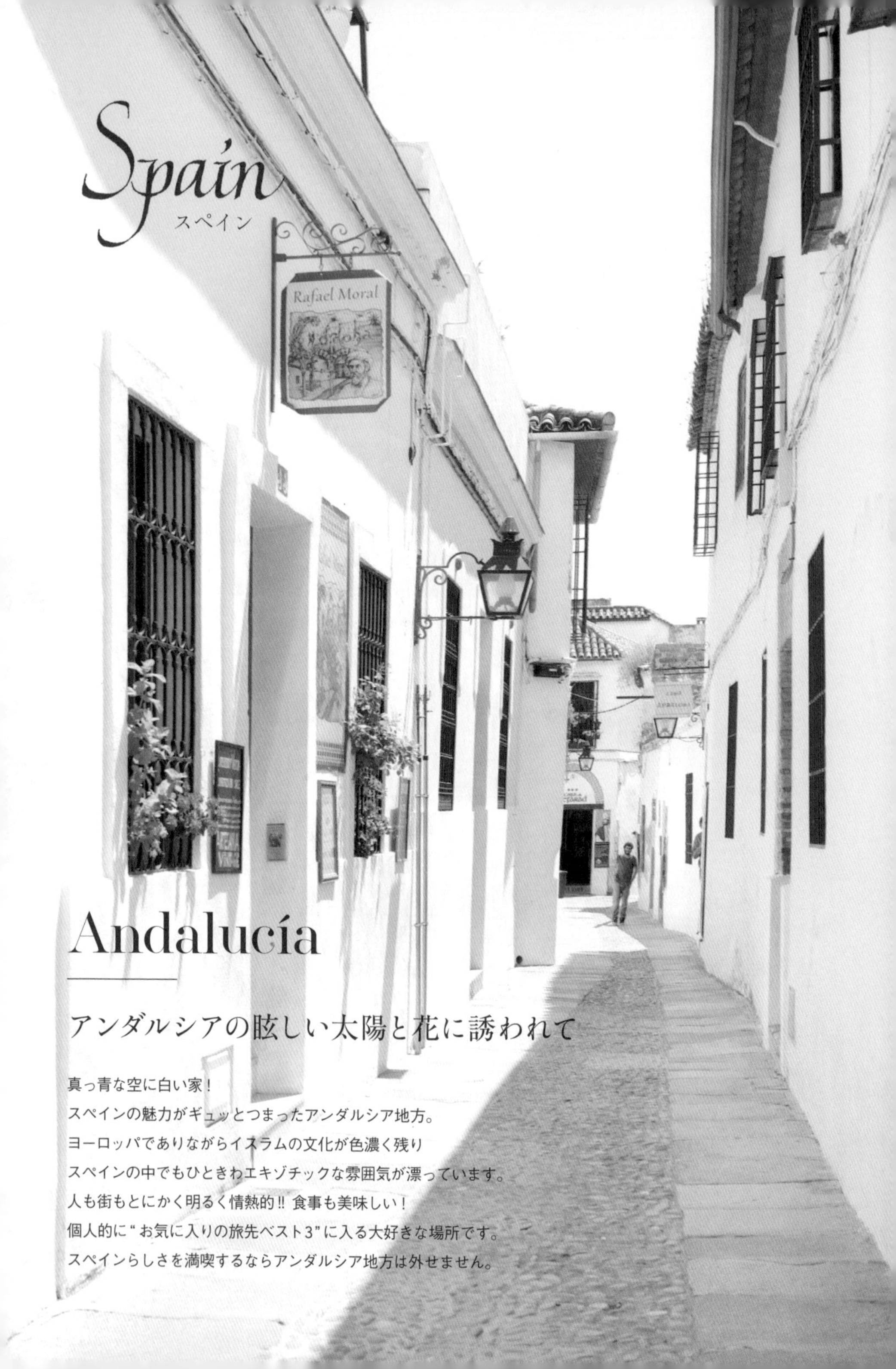

Spain
スペイン

Andalucía

アンダルシアの眩しい太陽と花に誘われて

真っ青な空に白い家！
スペインの魅力がギュッとつまったアンダルシア地方。
ヨーロッパでありながらイスラムの文化が色濃く残り
スペインの中でもひときわエキゾチックな雰囲気が漂っています。
人も街もとにかく明るく情熱的!! 食事も美味しい！
個人的に“お気に入りの旅先ベスト3”に入る大好きな場所です。
スペインらしさを満喫するならアンダルシア地方は外せません。

Córdoba

旅が大好きになる可愛い古都コルドバ

色とりどりの花に囲まれた可愛いコルドバの街。
メスキータやアルカサルなど見所も多く
ちょっとした路地にも小さなバルや可愛いショップが並び
迷路のような旧市街散策が楽しい！
どこからともなくスペインギターの音色や歌声が……
そんな異国を感じるふとした瞬間がとても心地いい街。
コルドバを訪れるなら、様々なイベントが開催される
過ごしやすい爽やかな5月がおすすめ。
キュートなパティオ祭りやフェリアのパレードなど
アンダルシア地方の音楽と踊りで街中が華やかになります。

Patios de Córdoba

世界一キュートな花であふれる コルドバパティオ祭り

花が最も綺麗に咲き誇る5月
自慢のパティオ(中庭)の美しさを競うコンテスト
“コルドバパティオ祭り”が開催されます。
バルコニーやテラスが色鮮やかな花で彩られ
街はお祭りムード一色に!!
地図を片手にステキなパティオをまわって
歩き疲れたら地元の人で賑わうバルでひと休み。
各パティオでは、ヴァイオリン演奏があったり
自家製サングリアが用意されていたりと
オーナーさんのおもてなしも密かな楽しみです。

色の組み合わせがステキな可愛いプランターメインのお庭

花に囲まれるコルドバの旅

Blooming Flowers

壁一面カラフルなお花で彩られたパティオはため息が出るほどステキ!

パティオ内にも可愛い花の小道

グランプリに輝いた大人気のパティオ。私もここが一番気に入ってなんども足を運びました！

壁一面をプランターでデコレーション！

圧巻の美しいブーゲンビリア！

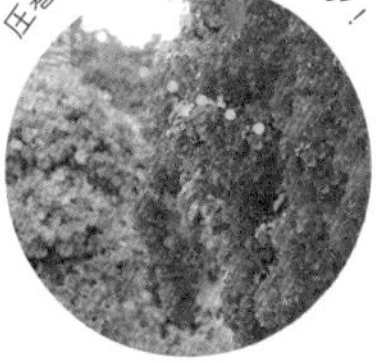

イスラム建築風のパティオが可愛い！

ADVICE

- 全パティオが掲載されたオフィシャルマップはホテルかインフォメーションでゲットしよう
- 14:00〜18:00はシエスタでパティオも閉まるので気をつけて
- 入場制限のあるパティオもあります。効率よく回れるようルートを決めて
- パティオは日影になるところが多く撮影の際は時間帯に気をつけよう
- コンテストには参加していないお家も期間中だけ一般公開しています。アンテナをはって街歩きを
- どのお家にもチップBOXが用意されてるので心ばかりの気持ちを♡
- 期間中はフラメンコやコンサートなど様々なイベントが開催されるので要チェック！

※ 詳細はこちらからチェック http://patios.cordoba.es

Bienvenidos

Andalucía Sevilla

灼熱の太陽と情熱の街セビーリャ

La Plaza de España 色鮮やかな手描きタイルの装飾が美しいスペイン広場

アンダルシア地方の中でも
ひときわ熱いエネルギーに満ちたセビーリャの街。
フラメンコ発祥の地というだけあって
エキゾチックな街を歩けば
どこかしらでフラメンコを踊っている人たちに出会います。
世界で3番目に大きい大聖堂のカテドラルや
イスラム建築のアルカサルといった魅力的な世界遺産もあり
見所が多いので、数日ゆっくり滞在してまわりたいところ。
もちろん、美味しいタパスを探してバル巡りや
情熱のフラメンコも必見です!!

Evening Sevilla city

夕暮れ時に輝くクラッシックカー。雰囲気抜群！

石畳の可愛い旧市街は散策が楽しい

アンダルシアで本場フラメンコを

セビーリャといえばフラメンコ発祥の地。哀愁漂うせつないメロディー、ギターの音色、魂を揺さぶられるような情熱の踊り！エネルギーみなぎるステージは、鳥肌が立つほど感動の連続です！ショーの規模や内容は様々ですが、街にはタブラオやペーニャがたくさんあるので、色々なステージを見比べるのも面白いです。本場のフラメンコで、魂を揺さぶられる感動を体験してみませんか？

サンタ・クルスにはいたるところにバルがあり、常に外まで人があふれ賑わっています

La Fresquita

大聖堂のすぐそばにあるお香の香り漂うローカルバル「フレスキータ」。店内の壁一面にキリスト聖週間の写真が飾られ独特の雰囲気が○。タパスは2.5ユーロから。種類も多くボリューム満点で美味しい！普通のバルに飽きた人はぜひ訪れてみて。

Granada

エキゾチックな中世の街グラナダ

イスラム建築の最高傑作といわれる「アルハンブラ宮殿」をはじめ、アラブの文化が残るアルバイシン地区では、エキゾチックな雰囲気のレストランやアラブ雑貨のお店も多く、スペインにいながら異国情緒たっぷり！
ワクワク旅の始まりです。

グラナダでフラメンコを見るなら洞窟タブラオで！

アルバイシン地区では
雑貨探しも楽しい

POINT

グラナダのバルは、1杯のドリンクをオーダーするともれなくタパスが無料で付いてくるという超お得な“フリー・タパス”システム！2杯目はまた違ったタパスが出てくるので毎回「何が出てくるんだろう？」とワクワクのバル巡りを楽しめます。

Toledo

スペインで最も美しい古都トレド

旧市街全体が世界遺産に登録されていて、どこを切り取っても絵になる美しい街並みが魅力のトレド。石畳の迷路のような路地を歩けば、可愛いショップやカフェが点在しています。ゆっくりと滞在して散策するのがオススメ。憧れのパラドールホテルに宿泊して、ライトアップされた幻想的なトレドの街並みを見るのも素敵！

展望台から眺める感動の街並みは夕方が○

1まるで教会のような美しいトレド駅。内部のステンドグラスは必見です　2街角にはステキな風景があふれています

⚜ POINT

マドリードはバル巡りが楽しい!! 美味しいワインとスペイン名物タパス片手に地元の人たちとの交流も楽しいひと時に。タパスは指差しオーダーでOK！

Madrid

スペイン旅の拠点はマドリード

世界的に有名な美術館や博物館も多く、観光都市として人気の街。鉄道が発達しているので近郊都市やアンダルシア地方へのショートトリップにも便利です。
朝はチュロスにホットチョコレート、夜は生ハムにワインでバル巡り。お腹も心もホックホク！ 魅力たっぷりのマドリードへ、あなただけの楽しみを見つけに行きませんか？

バルが建ち並ぶ路地は花で彩られいつも賑やか

マドリードに来たら Meson del Champinon の絶品シャンピニオンを食べてみて！

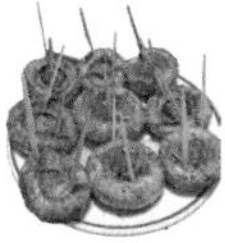

Mercado de San Miguel

バルよりも手軽にバル巡り気分が味わえるスポット「サンミゲル市場」。食べ歩きが楽しい！ 創作オリーブのピンチョスが絶品です！

世界遺産のカタルーニャ音楽堂。天井のステンドグラスは必見です！ 昼と夜では全く表情が変わるのでぜひ、どちらの時間も訪れてみて

Barcelona

ゴシック地区に恋するバルセロナ

スペインの中でもとくに芸術や音楽、アートが楽しめるおすすめの街。必見！ ガウディ建築のサグラダファミリアをはじめとし、ローマ時代の歴史を感じるゴシック地区には、美術館や教会など魅力的なスポットが充実し、バル巡りも迷路のような街歩きも楽しめます。

ガウディ建築のサグラダファミリア。幻想的な内部は感動です！

ゴシック地区の中心に建つサンタ・エウラリア大聖堂。この一帯だけが別世界！

San Sebastián

Txakoli Performance!

世界一の「バルの聖地」サン・セバスティアン！ 絶品ピンチョスとワインでバル巡り

スペインは何を食べても美味しい！ なかでも、バスク地方のサン・セバスティアンはピンチョス発祥の地、美食の街として大人気です。小さな旧市街の路地には100軒以上ものバルがひしめきあっていて、夜になると活気あふれるバル天国に！ 食とお酒が思う存分楽しめる、まさに大人の街。ピンチョス片手にバル巡りを楽しもう！

1 スタッフもお店の雰囲気も◎ サンタマリア教会のすぐそば「Shirimiri」 2 カウンターにはワクワクするピンチョスがズラリ！ 3 笑顔で出迎えてくれる、人気店「MARTINEZ」のスタッフ 4 ミシュラン星付きから庶民派レストランやバルが密集！ 5 芸術品のようなピンチョス

1

3

4

2

5

BAR MARTINEZ マルティネス

大人の雰囲気で落ち着いて飲めるお店。独創的なピンチョスとスタッフの笑顔が人気の秘密。

BAR GOIZ ARGI ゴイズアルギ

エビの串焼きが大人気のお店。小さな店内はいつも人であふれています。

¿Qué plato me recomienda?

1

1 片言のスペイン語でおすすめをこっそり聞いちゃおう！ 2 バゲットにハムや魚介・チーズを乗せた定番はどのお店でも大人気！ 3 ポテトをベースに作られたピンチョス 4 ワインは黒板から選ぶもよし、スタッフにおすすめを聞くのも◯

¡Salud!

2

3

4

ADVICE

バル巡りの楽しみ方

- ◆ 店に入ったらまずは挨拶「Ora！」のひと言で心は通じます！
- ◆ ドキドキしながら……勇気を出して輪の中へ飛び込んじゃいましょう！
- ◆ ドリンクとピンチョスをオーダーカウンターを指差しでOK！
- ◆ カウンターにないとっておきの一品は店員さんに聞いてみよう！
- ◆ 各お店に名物のピンチョスがあるので事前に狙いを決めてGO！
- ◆ 一軒のお店でゆっくり過ごすというよりもサクサクとハシゴするのが定番の楽しみ方。ドリンク1杯にピンチョス2本くらいでサクッと次へ！
- ◆ お酒が飲めなくても大丈夫！ 収穫したブドウジュース「Mosto モスト」などノンアルコールも美味しいです！
- ◆ 朝から開いているお店も多く、ピンチョス＆コーヒーの朝食も楽しんじゃおう！

What is Txakoli?

バスク地方の酸味の強い微発泡ワイン「チャコリ」。高いところから泡だてて注ぐのがお決まりスタイル。見事なパフォーマンスも必見です！

BAR EGOSARI エゴサリ

魚介の串焼きが最高！ のお店。オーダーしてから焼いてくれるのでとれもアツアツ！

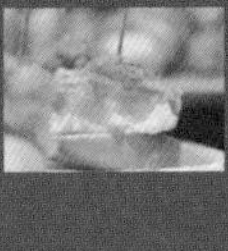

Travel Column

18世紀の邸宅で音楽に包まれるクラッシックな滞在

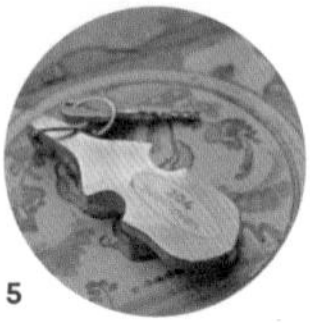
5

6

普段からステキなホテルを見つけては
“絶対泊まりたい！世界のホテルリスト”
を作っているのですが、ここはその中のひとつでした。
クラッシック音楽をテーマにした邸宅ホテル。
何かの雑誌で見つけてからずっと
「このホテルに泊まって音楽に浸ってみたい！」
そう夢見て、セビーリャ行きを決めました。

1明るい日差しの入るパティオ。不定期で様々なコンサートも開催されるのでホームページでチェック　2 夕日に照らされてピンク色に染まるセビーリャの旧市街。テラスから眺める美しい絶景に心が奪われる瞬間です　3 旧市街のど真ん中にあるのでどこに行くにも便利　4 イスラム建築が美しい　5 部屋の鍵もヴァイオリン！　6 貴重なグレゴリオ聖歌の楽譜

Piano lesson Time

1

3

2

4

旧市街の中心にあるホテルのドアを開けると
そこはもう音楽ミュージアム！
イスラムのエキゾチックな雰囲気漂うパティオには
グランドピアノをはじめ、ヴァイオリンやチェロ
ハープやフルート、ウードなど珍しい楽器もズラリ。
その楽器たちは自由に演奏できるという特典つき。
音楽好きには天国のような空間が広がっています！

1 街角を眺めながらくつろぐスペース　2 ヴァイオリンやハープなどは自由に使用できます　3 防音の練習室もあります。ヨーロッパの街を眺めながら音楽を楽しめるなんてステキですね♪　4 本場でスペインギターに挑戦してみては？

HOTEL Amadeus La Musica
ホテルアマデウスラムジカ
http://www.hotelamadeussevilla.com

France
フランス

Bonjour !

Paris

芸術の都パリで過ごすオトナ女子旅

洗練された芸術が集まるパリは
おしゃれで、可愛く、エレガント！
カフェでのんびりと道ゆく人を眺めているだけでも
インスピレーションが湧いてくる街。
クラッシック音楽やアート、マルシェにビストロ巡り
素敵なセンスがギュッとつまっています。
パリではアパートで暮らすように旅をしたり
フラワーアレンジメントやお料理、カリグラフィーなど
短期でも楽しめる自分磨きの“おけいこ旅”も楽しい。
時間があれば、パリから少し遠出して
田舎の小さな可愛い村を探す旅に出かけてみよう。

ピンクのブーゲンビリアが出迎えてくれるボルムレミモザ村

ワクワクときめく可愛い村を散策

Côte d'Azur & Provence

南仏の心トキメク小さな可愛い村巡り

南仏コート・ダジュールやプロヴァンスには

アートあふれる芸術の村
花と香りに包まれるキュートな村
中世の面影が残る素朴な村
そんな魅力がいっぱいの
小さな可愛い村がたくさんあります。

パリから少し足を延ばして
とっておきの可愛いハントの旅に出かけてみませんか？

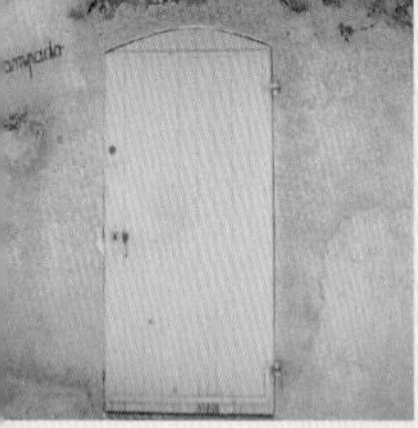

Côte d'Azur

エズ村から眺める地中海の絶景！

辺り一面ラヴェンダーの香りにつつ生まれるヴァランソル

キュートなラヴェンダー雑貨がズラリ

リル・シュル・ラ・ソルグのマルシェでお土産探し

フォトジェニックなエズ村

マルシェに並ぶ真っ赤なトマト！

ラヴェンダー村の可愛いショップでお買い物

Côte d'Azur trip 1

Èze 南仏のラビリンス！おとぎの世界エズ村

コート・ダジュールには断崖に立つ“鷲ノ巣村”がいくつもあります。
中でも一番人気なのが、おとぎの世界広がるエズ村。
中世の面影を残す石壁を彩るブーゲンビリアやジャスミンの花
どこを歩いても絵になる風景が人気の秘密。
絵本のような可愛い村を歩いてみませんか？

Côte d'Azur trip 2

Menton

レモン香るとびきりキュートな街マントン

イタリアとの国境が近く“レモンの街”で有名なマントン。
太陽の光が眩しい海沿いにある旧市街は
パステルカラーの建物がとびきりキュート！
迷路のような旧市街を歩いて
丘の上の“古城の墓地”まで行くと
街が一望できる素晴らしい絶景が広がっています。
一歩路地に入ると可愛いらしい家が並び
ゆっくりと散策するのが楽しい街です。
イタリアに近いこともあり
美味しいイタリアンレストランが多いのも嬉しい。
広場で開催されるアンティーク市では
掘り出し物のブロカント雑貨と出会えるかも？
エズ村と併わせて、ぜひ訪れてみてください。

Amazing view

Côte d'Azur trip 3

Bormes Les Mimosas

PINK！PINK！PINK！
可愛いがギュッとつまったボルム・レ・ミモザ村

南仏の小さな村巡りの旅をしていた時たまたま見つけたボルム・レ・ミモザ村。
ニースから電車とバスを乗り継ぎ片道3時間ほどかけて訪れました。
バス停を降りた瞬間あたり一面ピンク色の花！花！花！
ゆったりとした空気がなんとも心地よく
本当は内緒にしておきたいくらい……
今まで訪れた南仏の中で、一番のお気に入りの村です。

Pink bougainvillea

Main Street

石畳の路地を歩けば
ベビーピンクの紫陽花
ピンクのキョウチクトウ
ピンクのブーゲンビリアが石壁を彩り
角を曲がるたびに可愛い花々が迎えてくれます。
ブーゲンビリアの花のトンネルをくぐって
ピンク色に包まれるメルヘンチックな旅時間を。

Provence trip 1

Avignon

中世の城壁に囲まれた美しいアヴィニヨン

私が訪れたのは、毎年7月に開催されるアヴィニヨン演劇祭の真っ只中。中世の面影を残す旧市街の美しさと、居心地のいい雰囲気にすっかり魅了されました。アパートにゆっくりと滞在して過ごしたい街。プロヴァンス地方の村巡りやラヴェンダー畑に行く場合は、この街を拠点にすると便利です。

Old town

ADVICE

癒しのラヴェンダーに包まれて

プロバンス地方を旅するなら、夏のラヴェンダーの時期に合わせてみませんか？ あたり一面いい匂いに包まれる紫色の絨毯が広がります。運が良ければヒマワリとラヴェンダーの組み合わせに出会えるかも??

Provence trip 2

Roussillon

ローズピンクの村ルシヨンで
雑貨屋さん巡り

“フランスで最も美しい村”のひとつに選ばれている人気の村。建物全てがピンク色でできた可愛らしい村には、ギャラリーや可愛い雑貨屋さんがいっぱい！ プロバンス雑貨SHOP巡りをするならココ。

Provence trip 3

Gordes

幻想的なゴルド村で
中世の時代にタイムスリップ

プロバンスで人気の鷲ノ巣村のひとつ。まるで絵本の中に飛び込んだような可愛らしい村を歩くと、路地の合間から覗く絶景に心を奪われます。離れたところから眺める天空のゴルド村は必見です。

Provence trip 4

L'Isle sur la Sorgue

最高に可愛い街リル・シュル・ラ・ソルグで
アンティーク雑貨探しの日曜日

運河に囲まれた美しいこの街の日曜日マルシェとアンティーク市が同時に開催されます。アンティーク村もあり、雑貨好きにはたまらない一日が待っています。アヴィニヨンからは鉄道一本でアクセスOK。可愛いショップやレストランも多いのでぜひ訪れてみて。

Sweet shop

旅コラージュコラム
Travel Collage
COLUMN

蚤の市の情報は現地で尋ねるのが一番！

美しい絵が魅力の
古いポストカード

お宝アンティークが
ズラリ！

旅先ではレトロで可愛い蚤の市へ

旅に出ると
蚤の市に行くのが大好きです。

その国で代々使われてきたものから
外国の古いものやガラクタまで
レトロ可愛いお宝ザクザク。

誰かにとってはいらなくなったモノが
時を超えて、今、私にとって最高の宝物になる。
そんなキセキの巡り合わせが蚤の市でのお楽しみ。

ロンドンのポートベローマーケットや
パリのクリニャンクールが有名ですが
おすすめはイタリア、アレッツォとルッカの蚤の市。
月に一度、中世の街全体がアンティーク市になるのです。
小さな路地にも並ぶマーケットは
眺めて歩くだけでもワクワクがとまりません。

Lucca Italy

うっとりするほど美しい
モノグラムレース

Greece
ギリシャ

ギリシャには小さな島がいくつもあるけれど
その中で最も美しく
ロマンティックなサントリーニ島。
青い空、断崖絶壁に輝く真っ白な家々
見渡す限りコバルトブルーのエーゲ海。
どこを切り取っても絶景！
絵葉書のような世界が広がっています。
ヨーロッパのリゾートはたくさん訪れましたが
サントリーニ島のステキな雰囲気は格別！
一生に一度は訪れたい憧れの絶景リゾート。
ロマンティックな旅時間を過ごしに
ぜひ、大切な人と訪れてみてください。

眩しくなるほどの絶景が広がっています！

Santorini

一生に一度は訪れたいロマンティックなサントリーニ島

Santorini trip 1

Oia

青と白の世界広がるイアの街

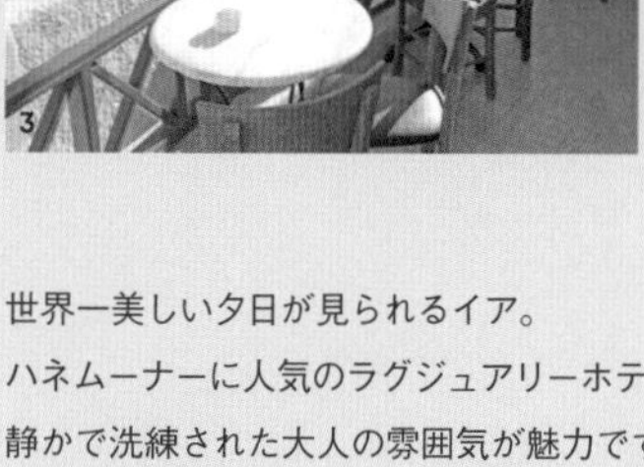

\ Welcome to Santorini /

世界一美しい夕日が見られるイア。
ハネムーナーに人気のラグジュアリーホテルも多く
静かで洗練された大人の雰囲気が魅力です。
美しい景色や雰囲気を楽しみながら
ゆったりと過ごすならイアがおすすめ。

1 絵葉書の世界が目の前に！ ブルードームが人気のフォトスポット　2 イアはどこを歩いていても落ち着いた雰囲気が魅力　3 ブルードームを眺める絶景カフェでひとやすみ　4 美しい景観をキープするためのペンキ塗りも絵になる！

Santorini trip 2

Firá

絶景もショッピングも楽しめるフィラの街

路地にたくさんのショップやレストランが並び
賑やかな雰囲気が魅力のフィラの街。
断崖沿いの街歩きが楽しい！
世界一美しい夕日はイアが有名ですが
フィラから眺めるサンセットも負けていません。
徐々にピンクのグラデーションに染まっていく
美しい街並みは感動モノです。

Galini cafe

——·永遠の憧れ！サントリーニ島の絶景ホテル·——

絶景ホテルはたくさんありますが
ここではイアとフィラのホテルの中でも
とびきり景色がステキなおすすめ2軒をご紹介します。

Oia

Andronis Luxury Suites

アンドロニスラグジュアリースイーツ

andronis-suites.com

イアのメインストリートにある落ち着いた滞在が人気の5つ星ホテル。絶景を独り占めしながら夢のようなひと時を過ごせます。ディナーは、世界で一番ロマンティックな時間が約束されたレストラン“Lycabettus Restaurant”で。断崖絶壁にせり出したテラス席が大人気。

1 ウェディング会場にも使われるレストラン　2 朝食は絶景を眺めるプライベートテラスで

Firá

Cliff Side Suites

クリフサイドスイーツ

cliffside.gr

フィラの街の中心にある4つ星ホテル。プライベートテラスの目前に広がるエーゲ海の美しいこと！ リーズナブルに宿泊できるのに絶景も楽しめます。このホテルから見るエーゲ海に沈む夕日はずっと眺めていたくなるほど心に残ります。

1 テラスから眺めるサンセットは感動です！　2 朝食はエーゲ海を眺める絶景テラス席で　3 ライトアップされたフィラの街が美しい

旅コラージュコラム
Travel Collage
COLUMN

Santorini Sweet Wedding

ハネムーナーにも人気の
ロマンティックなサントリーニ島。
ここでは、世界一！ Sweetな結婚式を
挙げることができます。

一生に一度のウェディング。
式もドレスもヘアメイクも
自分らしく、もっと自由に！ わがままに！
世界にたったひとつのMyウェディング。

お気に入りのドレスと
ワクワクをつめて……
心に残る最高の1日を。

ウェディングフォトだけでも
一生の思い出におすすめです。

サントリーニWedding ＆ウェディングフォト
のコーディネートは現地プランナーに相談を。

Shirley Chiarolanzio（英語）
www.santoriniweddingplanners.com
shirley@santoriniweddingplanners.com

Czech Republic
チェコ

Praha

おとぎの街プラハで
中世ヨーロッパへタイムスリップ

東欧の雰囲気が大好きで
毎年訪れる国のひとつ“チェコ”。
ヨーロッパの中でも中世の面影がひときわ美しい国です。
街全体が世界遺産に登録されている首都プラハは
冬の雪景色も、色鮮やかに輝く夏も
いつ訪れてもその圧倒的な美しさに心を奪われます。
馬車が行き交う石畳の旧市街、荘厳なプラハ城……
あっという間におとぎの世界へ迷い込んでしまいます。
美術館などの見所もたくさんありますが
この街は、歴史ある風景を誰にも邪魔されず
響き渡る鐘の音色を聴きながら……
じっくり歩いて感じるひとり旅にぜひおすすめしたい街です。

Malostranské

荘厳なバロック建築に感動
マラーストラナ地区

Facade symbol

旧市街側からカレル橋を渡りプラハ城へと続く城下町一帯に
古い美しい街並みが今も当時のまま残されています。
聖ミクラーシュ教会やロレッタ、ストラホフ修道院など
見所も多くゆっくりと時間をとって散策したい地区です。
レトロなトラムに乗って車窓からの景色を楽しむのもおすすめ。

1 美しい建物が続くマラーストラナ地区には、修道院や昔の邸宅を改装した落ち着いた雰囲気のホテルが多く静かに宿泊するのにオススメ　2 中世の街を走る赤いレトロなトラム　3 どこを切り取っても絵になる美しい建造物

1

2

3

Historic Distinct old town

美しさに息を呑む百塔の街
プラハ歴史地区

オレンジ色の街並みが美しい“ 百塔の街 ”プラハ。
中世の雰囲気漂う街には100以上の歴史ある教会が存在します。
音楽の都でもあるプラハの教会では、幻想的な雰囲気の中
パイプオルガンやクラッシック音楽のコンサートが楽しめます。
プラハを訪れたらぜひコンサートにも出かけてみてください。

Street musician

1 カレル橋の塔から眺める美しい絶景は必見です！　2 昼間は観光客であふれるカレル橋も夜は幻想的な雰囲気　3 プラハ最古のパイプオルガンがある壮麗なティーン教会

1

2

3

プラハで楽しむ4つのこと

Plan 1. 古本屋さんでアンティーク紙モノ探し

ANTIKVARIÁT U ZLATÉ ČÍŠE

このお店が恋しくなるとプラハを訪れています。マラー・ストラナ地区にある小さな古本屋さん。店内には可愛い切手やラベルなどお宝ザクザク!! ヨーロッパの古い紙モノを探すならぜひ訪れてみてください。

Plan 2. ピヴニッツェでチェコビール飲み比べ

ビール好きならきっとハマってしまうチェコの旅。街のあちこちに雰囲気抜群のピヴニッツェがあります。ジュースよりも安い種類豊富なチェコビール。美味しいチェコ料理と地ビールで地元の人たちと乾杯しよう！

Plan 3. チェコ鉄道で東欧諸国のディープな旅へ

レトロな東欧の列車に乗って大好きな旅ができるなんて！ 車窓からの景色を楽しみながらガタゴト揺られること数時間……ポーランドやハンガリーへ簡単にアクセスできます。列車旅ならではの旅時間を過ごして、近隣諸国へディープな旅に出てみませんか？

Plan 4. おとぎの世界のクリスマスマーケットへ

幻想的な雰囲気がステキなプラハの冬。旧市街広場で開催されるクリスマスマーケットは煌びやかでロマンテックでおとぎの国そのもの！ 東欧のお菓子「トゥルデルニーク(TRDELNIK)」は絶品です。焼きたてアツアツを頬張りながらマーケット巡りを楽しんでみよう。

遠い昔のまま時が止まったような
メルヘンチックな景色が人気の
チェスキークルムロフ。
ボヘミア地方の自然豊かな緑に
囲まれた小さな町には
オレンジ色のとんがり屋根の家々が並び
絵葉書のような美しい景色が広がっています。
町には歴史ある建物を改装した
邸宅ホテルもあります。
プラハから日帰りでも行けますが
ぜひ、一泊して旅のステキな思い出を作ってみてください。

可愛い看板を見つけるのも楽しい

Český Krumlov

絵本の世界に迷い込むチェスキークルムロフ

1 絵本の中の世界が広がる旧市街は散策が楽しい　2 フラデールの塔はぜひ登ってみて　3 塔から眺めるチェスキー・クルムロフの絶景は感激！　4 エッゲンベルク醸造所で地ビールとチェコ料理を楽しもう！

＼ *Eggenberg Beer* ／

1時間もあればぐるりと一周できるコンパクトな町ですが、中世の趣を感じながら町歩きするのが楽しいところ。お城へと続く道沿いにはお土産屋さんやカフェが並び、絵本の中に出てくるような可愛い建物に目を奪われます。ランチはヴルタヴァ川を眺める川沿いのテラスレストランがおすすめです。お城まで歩いたら、ここでしか見ることができないおとぎの国の絶景を！

旅コラージュコラム
Travel Collage
COLUMN

旅先で出会ったステキな紙モノ

旅先ではその土地の古本屋さんを巡ります。
お目当ては心惹かれる古い紙モノたち。
レトロな香水ラベルやホーリーカードなど。ステキ！と感じたアイテムを集めています。
ラッピングやデザインソース、コラージュに使ったり……
旅が終わったあとも、旅の記憶と楽しみがグッと広がります。

色あせた手紙や楽譜は飾ってもステキ

旅で使ったチケット類はコラージュに

つい集めてしまう古いラベルたち

古い手紙は書体の美しさや切手に一目惚れ

Poland
ポーランド

Warszawa

ショパンの音楽に触れるワルシャワの旅

ピアノの詩人ショパンの故郷ポーランド。
大好きなショパンの博物館があると知り
東欧を初めてひとり旅したのがワルシャワでした。
“暗くて怖そうな国”という勝手なイメージを持ったまま
不安な気持ちでポーランドへ向かったのですが
そんな想いは一瞬で消えてしまうほど
どこを歩いていても絵になる可愛い街並み！
音楽が身近にあって静かに旅ができるのが最大の魅力です。
宮殿や博物館など時間をかけてゆっくりとまわってみたり
遥か遠い昔に思いを馳せるワルシャワの旅。
近隣のチェコやハンガリーと一緒に旅するのもおすすめです。

Chopin Concert

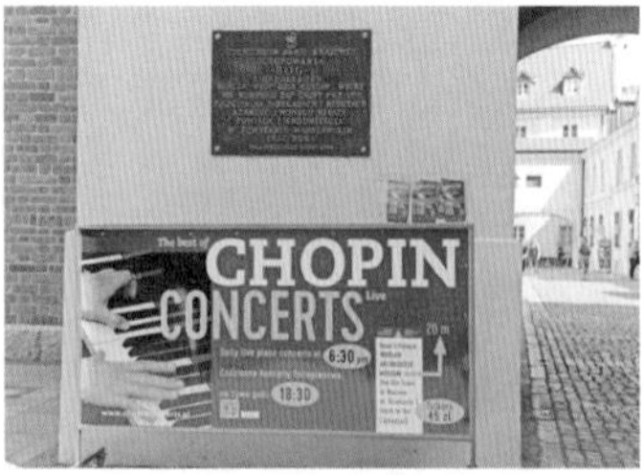

ショパンが愛したワルシャワの街では毎日様々なショパンコンサートが開催されています

ショパンが実際に使用していたプレイエルのピアノ

Chopin Journey

聴いて♪触れて♪感じる♪
ショパンに思いを馳せる音楽の旅

ショパンの作曲した美しい旋律の音楽は
世界中で今も愛され続けています。
そんなショパンが過ごした街ワルシャワには
ゆかりの場所がたくさん残っています。
ショパンの音楽と共にステキな旅時間を過ごしてみませんか？

CHOPIN MUSEUM

ワルシャワに着いたら真っ先に向かいたい「ショパン博物館」。直筆の譜面や手紙など貴重な展示品を通してショパンを深く知ることができます。最新の設備でショパンのピアノ曲を堪能でき、一日中いても飽きないショパンファンならぜひ訪れたいところ。muzeum.nifc.pl

HOLY CROSS CHURCH

ショパンの心臓が納められている聖十字架教会。パリで亡くなったショパンが心臓だけは祖国ポーランドに戻してほしいとショパンの姉がこの場所に運んだといわれています。ここではショパンの誕生日には記念コンサートが行われることも。

RESTAURACJA HONORATKA

1826年創業ショパンが通った最古のレストラン「ホノラトカ」オリジナルショパンメニューが人気。www.honoratka.com.pl

ショパンに思いを馳せて、ランチにショパンメニューをいただいてみては？

FR.CHOPIN

ピアノの詩人といわれた偉大な作曲家フレデリック・ショパン。ワルシャワ郊外のジェラゾヴァ・ヴォラで1810年に生まれ、生後7カ月の時にワルシャワへ移住し青春時代をこの街で過ごしました。20歳でウィーンへ、その後パリに渡り39歳で亡くなるまで祖国ポーランドに戻ることはなかったそうです。

毎晩ステキなサロンで開催されるショパンピアノコンサート。旅行者が気軽に参加できる雰囲気で、料金も1500円～と良心的！ クラッシックに興味がなくても馴染みのある曲が演奏されるので楽しめますよ

Frederick Chopin

CHOPIN BOUTIQUE B&B

ステキな雰囲気の邸宅ホテル「ショパンB&B」。大きなテーブルを囲んでゲスト同士交流できる朝食が人気です。ホテル内のサロンでは毎晩19:30からピアノコンサートが開催されているのでひとり旅で夜の外出が不安な人は、ここに宿泊すれば夜のコンサートも楽しめます。www.bbwarsaw.com

ピアノがある部屋は人気なので早めの予約を

Kraków

馬車が行き交う中世の古都クラクフ

真っ白な馬車は
まるでシンデレ
ラの世界！

ポーランドをひとり旅していた時、クラクフの街に来てこの国が大好きになりました。ヨーロッパ最大級といわれる美しい中央広場をはじめ、小さな路地に至るまで古い街並みの綺麗なこと！ ゴミひとつ落ちていない美しい街の中を、真っ白の馬車が行き交うその風景は、中世の時代にタイムスリップしたかのよう……。邸宅サロンでは毎晩ショパンコンサートが開催され、何日滞在していても飽きることがありません。広場でのクリスマスマーケットも楽しみのひとつ。ポーランドの冬は極寒ですが、東欧らしい温かい雰囲気を味わえます。

ADVICE

邸宅サロンで
ショパンピアノコンサート♪

旧市街の中世に建てられた邸宅サロンではショパンピアノコンサートが毎晩開催されています。ワイン付きでショパンの名曲を楽しむひと時。演奏後は演奏者と交流ができるアットホームな雰囲気です。チケットは当日会場で購入OK。旅の思い出にショパン音楽に触れてみませんか？

Enjoy Music!

Wroclaw

カラフル！心トキメク可愛い街ブロツワフ

ブロツワフはチェコのプラハやドイツのドレスデンから簡単にアクセスできることもあり、旅の途中に訪れるのにちょうどいい街。ゴシック装飾が豪華な市庁舎や女子心をくすぐるパステルカラーの建物が並ぶ旧市街広場は必見！ 市庁舎の地下にはショパンが訪れていたことで有名なヨーロッパ最古のレストラン“ Piwnica Świdnicka”があります。1日あればじゅうぶん回れる街なので旅の途中に可愛い街歩きを楽しんでみてはいかが？

ショパンも通ったヨーロッパ最古のレストラン「ピブニツァ・シフィドニツカ」

Guild House

Poznań

おもちゃ箱を旅するポズナンの街

ポーランドはどの街もカラフルで可愛い街並みが魅力のひとつ。
なかでもポズナン旧市街の可愛さは格別！
広場にはカラフルでキュートなマッチ箱のような建物が並び
女子心をくすぐる絵本の中の世界が広がっています。
国内唯一の楽器博物館には貴重なピアノや鍵盤楽器が展示されていて
ショパンがアントニン宮殿を訪れた際の貴重な記念室もあります。
ポズナンでもショパンの足跡をたどりながら旅を楽しんでみませんか？

Gdańsk

宝石のようにキラキラ輝く港町グダンスク

ポーランド人の友達から「グダンスクは絶対行ってみて！」と勧められワクワクしながら向かった街。クリスマス時期に訪れましたが、ため息が出るほど美しかった……。豪華な装飾で彩られた建物、ゆったりと流れる時間。街全体が美術館のように美しくキラキラと輝いていて、寒くてもずっと眺めていたくなる風景がありました。美味しいシーフード料理も楽しみのひとつ！ ブイヤベースは絶品です！

Merry Christmas

美味しいシーフードレストランがいっぱい！

Travel Column

ヨーロッパではクラッシック音楽を♪

ヨーロッパは音楽や芸術がとても身近にあります。本格的なコンサートに行くにはちょっと……という時でも、旅行者が気軽に楽しめるクラッシックコンサートが毎夜どこかしらで開催されています。教会ではパイプオルガンコンサートやオペラ、世界遺産の宮殿や中世の時代の邸宅サロンでは、食事やワインも一緒に楽しめるピアノコンサートなど。荘厳な雰囲気とクラッシック音楽を楽しむことができます。せっかくヨーロッパを旅するのなら旅の思い出に、本場ヨーロッパの芸術に触れ、心に残る音楽で感動の時間を過ごしてみませんか。
チケットは事前予約を。教会コンサートなどは当日でもOK。

Hungary《ハンガリー》

Budapest

神秘のドナウ川
煌めく夜景に心震えるブダペスト

“東欧のパリ”“ドナウの真珠”と称されるハンガリーのブダペスト。
何度訪れてもまた行きたくなる魅力あふれる美しい街。
世界一といわれる感動の夜景は格別です！
時間とともに刻々と変化する空と黄金色に光り輝く鎖橋
街を悠々と流れるドナウ川にフワリと浮かび上がる王宮……
ノスタルジックな雰囲気につつまれる夕方は心震える感動が待っています。
ひとりでゆっくり過ごしたい人にはぜひおすすめしたい街のひとつです。

Art Nouveau

重厚な建物が美しい旧市街

幻想的なMagic Timeは別世界！

まるで宮殿のように美しい国会議事堂

ADVICE

**ドナウの真珠ブダペストで“おこもりステイ”
感動の景色をひとりじめ**

ブダペストではぜひドナウ川沿いのホテルに泊まって感動の時間を過ごしてください。ドナウ川沿いにはステキな五つ星ホテルが並んでいますが、王宮と鎖橋がベストバランス！ 一番綺麗に見えるのがこのホテルです。大きな窓がまるで一枚の絵画のように……。朝も昼も夜もベッドに寝転び、感動の景色を眺めながらとっておきの時間を過ごしてみて。

InterContinental Budapest
インターコンチネンタルブダペスト

Cafe

ブダペストのとっておき宮殿カフェ巡り

ブダペストはウィーンやパリに並んでカフェ文化が豊かな街。
歴史あるクラシカルなカフェやまるで宮殿のようなカフェ
ステキなカフェがたくさんあります。
静かな街だからこそ、ゆっくりとカフェで旅時間。
ブダペストの日常の一コマに少しだけお邪魔して
“旅っていいな”そんな心が豊かになる時間を過ごしてみませんか。

1

2

3

1 大きな窓からの光が心地よい一階席
2 天井から柱までどこを見ても美しい！
3 宮殿のような店内で特別な時間を

NEW YORK CAFE

ニューヨークカフェ

ブダペストの高級ホテルニューヨークパレスに併設の老舗カフェ。1894年の開店当時から「世界一豪華なカフェ」として人気で、店内はまるで宮殿！ 豪華絢爛、煌びやかな別世界が広がっています。このカフェを楽しみたいときは、併設のニューヨークパレスに宿泊するのがおすすめです。カフェにはホテル宿泊者しか入れない特別スペースがあり、行列ができていても朝食もステキな雰囲気の中でゆったりと楽しめます。

www.newyorkcafe.hu

住所:Erzsebet korut 9-11, Budapest

Hungarian sweets

心ほころぶハンガリースイーツを召し上がれ

DOBOS TORTA

エリザベート王妃も愛したケーキ「ドボシュトルタ」。トップは硬いキャラメルでコーティングされていて綺麗に食べるのが難しい（笑）

ジェルボーオリジナルのチョコケーキ「ジェルボーセレト」。アプリコットジャムがアクセント！

GERBEAUD SZELET

KRÉMES

人気カフェ「ルスヴルム」で大人気のケーキ「クレーメシュ」。甘すぎないクリームにパイ生地が美味しい！

ESZTERHÁZY TORTA

マーブル模様が美しい伝統的なケーキ「エステルハージトルタ」。中にはアーモンドクリーム！

1 歴史ある落ち着いた店内はゆっくりと過ごせます　2 マカロンやケーキなどお土産にもぴったりの商品がずらり　3 ブダペスト旅のスタートはジェルボーの朝食から

BREAKFAST

GERBEAUD

ジェルボー

ヴルシュマルティ広場にある150年以上の歴史を誇る東欧最古のカフェ。天才ピアニストのリストやオーストリア皇妃エリザベートの愛したカフェとしても有名で、当時は音楽家や芸術家の溜まり場になっていたそうです。赤い絨毯が敷かれレトロクラッシックな雰囲気が魅力の店内。私はここで朝食をスタートして、ドナウ川沿いを散策するのが好きです。夜は大人の雰囲気でディナーも楽しめます。

http://gerbeaud.hu

住所:Vorosmarty ter 7-8, Budapest

HUNGARY MUSIC

𝄞 Classical Music

ハンガリーのクラシック音楽に触れる

ブダペストには、クラッシック音楽に触れる機会があふれています。
リストやコダーイ、バルトークなど、ハンガリーを代表する歴代の音楽家たちの貴重な博物館や
クラッシックコンサート・民族音楽を楽しめる劇場も充実しています。
ハンガリー音楽を肌で感じるステキな旅時間を♪

1 初期のピアノやヴァイオリンなど貴重な楽器が並びます 2 ベートーベンの定宿だった重厚なバロック建築の建物 3 珍しいカーブした鍵盤のベーゼンドルファーピアノ

Zenetörténeti Múzeum

音楽史博物館

王宮の丘にあるハンガリー音楽の歴史がつまった音楽史博物館。ハンガリーを代表する音楽家の貴重な資料が展示されています。ハンガリーの伝統楽器ツィンバロムをはじめ、初期のピアノやヴァイオリン、古楽器など、ここでは見学するだけでなく楽器の音色を実際に聴くことができるのです。バロック様式の建物は、ベートーベンがハンガリーを訪れた際に定宿にしていた当時の貴族の館。併設のサロンではバロック時代の貴族たちのコンサートを垣間見られるステキな時間が楽しめます。コンサート情報はホームページをチェック！

1

2

Liszt Ferenc Emlékmúzeum
リスト・フェレンツ記念博物館

作曲家としても絶大な人気を博した天才ピアニスト"リスト・フェレンツ"の博物館。生前暮らしていたアパートには当時使っていたピアノや私物が展示されています。リストがどんな暮らしをしていたのか肌で感じることができます。併設のコンサートホールでは、毎週土曜日朝にミニコンサートが開かれています。気軽に参加できるので博物館と合わせて訪れてみて。チケットは受付で購入可能。

www.lisztmuseum.hu
住所:VI. Vorosmarty u. 35, Budapest

3

4

美しいパイプオルガンのあるグランドホールは必見！

Zeneakadémia
リスト・フェレンツ音楽院

1875年にリストによって設立された音楽院。毎日開催される見学ツアー（英語など外国語のみ・日本語はグループ最小12人からガイド付きで予約可能）では、アール・ヌーヴォー建築の美しい建物内部を見ることができます。音楽院学生によるプチピアノコンサートもあり。グランドホールでは様々なコンサートが行われています。コンサート情報はホームページでチェックを。

https://lfze.hu　住所:VI. Liszt Ferenc ter8, Budapest

1 リストが暮らしていたアパート　2 ロウソクの光でピアノを弾いていた時代の美しい装飾の燭台　3 作曲の時に使用していたデスクにはミニ鍵盤！　4 毎週開催されるコンサートは地元の人たちで満席！

Antique Shop

レトロなアンティークショップ巡り

中世の街ブダペストでのもうひとつのお楽しみは
お気に入りのアンティークショップ巡り。
お店の扉を開けた瞬間……レトロ可愛いアイテムがずらりと並ぶ店内。
数時間なんてあっという間に過ぎてしまうステキな空間です。
ゆっくりと宝探しを楽しんでください。

二つ並ぶお店の左側のドアを開けてみて

階段を降りると感動の
空間が広がります

お土産を買うなら中央市場がおすすめ。ジョルナイタイル装飾が美しい建物も必見！

Galeria
ガレリア

王宮の丘、マーチャーシュ教会から徒歩2分の場所にある隠れ家のようなお店。地下に降りていくと洞窟のような店内には、店主が旅をしながら集めてきたヨーロッパ全土のアンティークアイテムが所狭しと並びます。一つひとつの思い出話を聞かせてもらいながら宝探しの時間が面白い。

EMBROIDERY

ガラス張りの窓からも店内の可愛らしさがあふれています

Anna Antikvitás

アンナアンティーク

国会議事堂の近くにアンティークショップが立ち並ぶ一角にひときわ可愛い店内が目印。奥に広い店内には、アンティークのティーカップやフォトフレームはもちろんのことハンガリー全土からコレクションした刺繍アイテムやフォークロアアイテムがずらり！ 山積みになった刺繍アイテムからとっておきの1枚を探す幸せな時間といったら……刺繍＆フォークロア好きにはたまらないお店です。

www.annaantikvitas.eu

Szentendre

可愛い刺繍を探しに
バロックの町センテンドレへ

ハンガリー刺繍といえば
白地にカラフルな花が施されたカロチャ刺繍が有名ですが
小さな村には古くから伝わる刺繍がほかにも多くあります。
そんな可愛い刺繍アイテムを買うなら
ブダペストから郊外列車にゆられてセンテンドレへ。
昔から芸術家が多く暮らしたセンテンドレの街。
ハンガリー全土の民芸品を扱うお店も多く
ステキな刺繍アイテムが揃います。
日帰りでも楽しめる小さな街へ出かけてみませんか？

パステルカラーで彩られたセンテンドレの街

トランシルヴァニア地方のイーラーショシュ刺繍

街の中心には可愛い民芸品のショップが並びます

どれもステキなハンドメイドの刺繍アイテムたち

旅コラージュコラム
Travel Collage
COLUMN

可愛いフォークロアで世界旅

どの国を旅していても心惹かれるフォークロア。
地域や民族によって伝わる伝統的な柄や刺繡が魅力です。
世界中のステキな国を旅して出会った手しごとのぬくもり。
素朴でやさしいテキスタイルを集めました。
どれも眺めているだけで幸せ気分。

CHOLITA

チョリータの民族衣装は
後ろ姿がキュート

HRVATSKA EMBROIDERY

クロアチアの刺繡のコースター

TRANSYLVANIA EMBROIDERY

トランシルヴァニア地方の
イーラーショシュ刺繡

ANDES EMBROIDERY

アンデスで見つけたカラフルなバッグ

VIANA DO CASTELO EMBROIDERY

ポルトガル、ミーニョ地方の
“恋人たちのハンカチ”

TYROL EMBROIDERY

アルプスチロル地方の伝統刺繍

KALOCSA EMBROIDERY

太めの糸を使った
ハンガリーの
カロチャ刺繍

ブルガリアのバラ祭り
にも遊びに来てね♡

LATVIJAS EMBROIDERY

バルト三国で見つけた刺繍リボン

Austria
オーストリア

Weihnachtsmarkt

Wien

貴族気分で過ごしたい芸術の街ウィーン

中世から多くの音楽家が活躍したオーストリア。
首都ウィーンにはモーツァルトやベートーヴェン、シューベルトなど
音楽家が暮らした家が博物館として残されている“音楽の都”。
ウィーン国立歌劇場をはじめとした
素晴らしいホールでのクラッシック音楽鑑賞は外せません。
歴史ある街で芸術や宮殿巡りを楽しんだり
クラッシックなカフェ巡りなど
オトナ女子旅にはぜひおすすめしたい旅先です。
個人的なお気に入りはひかりきらめく冬のオーストリア。
華やかなウィーンのクリスマスや
少し足を延ばして自然豊かなチロル地方など
小さな街のクリスマスマーケット巡りも楽しんで。

Welcome! 音楽の都
ウィーンへ！

Salzburg

幻想的な魔法に包まれるザルツブルク

可愛いショップが立ち並ぶゲトライデガッセ

ヨーロッパには美しい街がたくさんありますが
冬のサルツブルクは格別の美しさ！
雄大なアルプスに囲まれた絶景が魅力の街です。
モーツァルト生誕の地としても人気で
モーツァルトの生家や住居など
ファンでなくても楽しめる見所が点在しています。
街角にはいつもモーツァルトの音楽が♪
ザルツブルグ音楽祭が開催される夏の旅も人気ですが
訪れるならロマンチックな冬がおすすめです。

中世から続く美しい
鉄細工の看板

可愛いカフェでザルツブルガーノッケルンを

ホーエンザルツブルク城から街を一望！

一面真っ白な雪化粧に包まれた街の美しいこと！
幻想的な雰囲気を楽しめるのは冬だけのお楽しみ。
ウィーンからは鉄道で3時間
もちろん日帰りでも訪れることはできますが
数日ゆっくりと滞在して過ごしたいステキな街です。
モーツァルト週間には様々な音楽イベントも楽しめます。

Christkindlmarkt

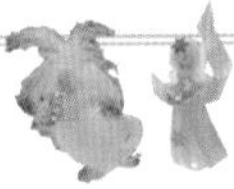

Christkindlmarkt Salzburg

雪の降る中、レジデンツ広場で開催されるクリスマスマーケットは華やかで辺り一面あまい香りに包まれ、キラキラと夢のような世界が広がっています。ザルツブルグでしか買えないクリスマスリースやザルツブルガーノッケルンの屋台もズラリ！ グリューワイン片手にマーケット巡りを楽しんで。

Graz

世界遺産の街グラーツでクリスマス

オーストリア第2の都市グラーツは世界遺産に登録されているステキな街。中欧の中でもバロック・ゴシック・ルネッサンス様式などの歴史的建造物が良好な状態で残されている街のひとつです。冬のグラーツは煌びやかなライトアップとコンパクトながらおとぎのクリスマスが楽しめます。

1 広場ではおとぎのクリスマスを楽しんで　2 レトロなトラムに乗って街巡り

Semmering Railway

世界で最初にアルプスを越えた山岳鉄道、世界遺産のゼメリング鉄道。周辺には絶景のハイキングコースがいくつかあります。乗っても楽しい鉄道ですが、離れたところから見る景色もまた素晴らしいのです。自然豊かなリゾート地「ゼメリング」や音楽家ブラームスゆかりの地「ミュルツツーシュラーク」に滞在がおすすめ。

Steyr

中世の街シュタイアーで SL鉄道に乗る旅

1000年の歴史を持つ美しい中世の街並みの古都シュタイアー。この街にはオーストリアで最も古い狭軌鉄道シュタイアータール鉄道が走っています。現役のSL鉄道が森の中を走る姿は感動！ 乗っても眺めても楽しいSL鉄道の旅が楽しめます。ウィーンからザンクト・ヴァレンティン駅まで1時間40分、一度乗り換えしシュタイアーまで1時間です。ぜひ、川沿いのホテルに泊まってのんびり過ごしてみてください。

1 川沿いには可愛い家が並びます　2 森の中を走るSL鉄道は感動！
3 中世の面影が残る美しい旧市街

POINT

美しい旧市街のクリスマスもステキですが、ランベルク城で開催されるクリスマスマーケットは森の中を散歩しながら楽しむ可愛らしい温かな雰囲気が楽しめます。

Austria Tirol

アルプスの雄大な山々が美しいチロル地方。
牧歌的な雰囲気と清々しい空気が最高！
花に囲まれるリフレッシュ旅に出かけてみませんか？

❖ Seefeld in Tirol メルヘンチックな街ゼーフェルト

Tirol Style

1 フレスコ画と満開の花で彩られた美しい建物は時計屋さん
2 チロル地方独特の街並みが可愛い

ぐるっと回っても15分ほどの小さな街。花々に囲まれた可愛らしいチロルの街並みが魅力です。森と湖に囲まれたリゾート地として人気のゼーフェルトには、初心者向きのハイキングコースも多く絶景ハイキングが楽しめます。美しいフレスコ画の建物が続くメルヘンチックなバーンホフ通りには、可愛いショップやレストランが並び、散策が楽しい。

❖ Innsbruck

大自然とチロルの可愛い街並みのインスブルック

オーストリアの西、ドイツ、イタリア、スイスに囲まれる場所にあり、どこからも鉄道で簡単にアクセスできる便利な街。何といってもアルプスの大自然が素晴らしい！ 清々しい澄んだ空気と可愛い街並みに癒される、とっておきの時間が過ごせます。チロル地方の郷土料理も楽しんでみて。

1 カラフルな建物が並ぶ可愛らしい旧市街 2 ハイキングも町歩きも楽しいインスブルック 3 山々に囲まれた街は空気が清々しい！

クリスマスシーズンは煌びやかな雰囲気がステキ！

鉄道で旅するヨーロッパ

ヨーロッパでの旅のお楽しみは
なんといっても隣国へ鉄道で旅すること。
たくさんの人生ドラマが交差する
ノスタルジックな駅の雰囲気も大好きです。
掲示板でステキな都市の名前を目にすると
このまま全て投げ出してどこまでも行ってみようかな？
なんて旅心をくすぐられてしまうから危険！

日本のように安全安心に進むことはなく
早朝の駅ではほんのすこし気を抜いた瞬間
カメラ機材やスーツケースごとスリに遭い
一日中、警察のお世話になったり……
突然、辺鄙な駅で降ろされるなんてことも。
日本では考えられない
笑っちゃうようなトラブル満載の鉄道の旅ですが
後から振り返ってみると
そんな一つひとつのできごと全部ひっくるめて
心に残る大切な旅の宝物になっています。

Dining car

旅コラージュコラム
Travel Collage
COLUMN

飛行機や車での移動もステキだけど
鉄道の旅は、ひとつの国を越えるたび
車窓から眺める風景や乗ってくる人の雰囲気
言葉も刻々と変化していくのが面白い。
ポーランドからチェコなんて半日がかりの移動だけど
寝てしまうのがもったいないくらい貴重な時間。
ずっと窓からの景色や人を眺めて過ごしています。

ザグレブからヴェネチアを夜行列車で移動した朝
車窓から見た朝靄に包まれた美しい風景の感動は
今でも忘れることができません。
たまたま隣の席になった人とのちょっとした会話や
そのときの空気、匂い、車窓からの景色……
そんなすべてが心揺さぶられる鉄道の旅。
クセになる旅の魅力が詰まっています。

ブダペストの
子供鉄道へ
ようこそ！

Slovakia
スロバキア

Bratislava

ブラチスラバで心温まるクリスマス

チェコ、オーストリア、ハンガリー、ポーランド
ウクライナに囲まれた小さな美しい国スロバキア。
首都のブラチスラバはウィーンからだと
日帰りでもじゅうぶん楽しめる可愛らしい街です。
雪の降る12月に訪れると中世の可愛い街並みと
小さなクリスマスマーケットが待っています。
煌びやかなクリスマスに飽きたらぜひ訪れてみてください。
ゆったりと時間が流れる素朴な雰囲気と
あたたかい人の優しさあふれるステキな街です。
ポーランドから入るならコシチェという街も可愛くおすすめです。
スロバキアの旅は、どんな小さな町を訪れても
人のハートのあたたかさに心震えます。

Christmas Sweets

Switzerland
スイス

Grindelwald

大自然！感動の絶景！
グリンデルワルトで心のデトックス旅

清々しいフレッシュな空気！
絵画のような絶景がつづくスイスアルプスの旅。
ベルナーオーバーラント観光の拠点として
便利なグリンデルワルト村には
ダイナミックなアルプスの大自然が広がっています。
壮大な景色の中を走る登山鉄道や
初心者でも楽しめるハイキングコースなど
スイスでしか経験できない旅へ出かけてみませんか？
天空の絶景レストランで飲むビールや
大自然でのチーズフォンデュも最高です！

Superb view

Brienz Rothorn Bahn

ブリエンツ・ロートホルンSL鉄道(運行時期6月〜10月)

絶景の登山鉄道に乗って
スイスアルプス天空のレストランへ

スイスには4000m級の美しい山々の中を走る
感動の登山鉄道がいくつもあります。
ロートホルンSL鉄道は
ブリエンツ〜ロートホルンクルム駅までを結ぶ
迫力満点の景色が楽しめる登山鉄道。
スイス唯一の蒸気機関車で
SLとしては世界一の急勾配！
想像をはるかに超える絶景が待っています。

旅のスタートは
ブリエンツ駅

Brinez Rothorn

天空の最終駅は言葉を失うほどの絶景！

天空レストランへ
ようこそ！

ブリエンツ湖を眺めながら絶景ランチ！ UV対策を忘れずに

ハイキング前に
パワー充電！

窓も全面オープン！ 開放感抜群の列車。
シュッ！ シュッ！ シュッ！
蒸気の音とともにゆっくりと進んでいきます。
車窓から眺める360度の景色は感動の連続！
帰りは、ロートホルン鉄道に乗ってもいいけれど
絶景ハイキングコースを歩いて帰るのがおすすめ。
澄んだ空気に癒される
とっておきのリラックス旅を楽しんで。

カウベルの音色とアルプスの絶景を楽しんで

真っ赤な可愛いロートホルン鉄道に乗って絶景旅へ！

Enjoy Traintrip!

Jungfrau Bahn

ユングフラウ鉄道

スイスアルプスのハイライト！
氷河の世界と絶景ハイキングを楽しむ登山鉄道の旅

アイガー・メンヒ・ユングフラウ三山を楽しむユングフラウ鉄道。
クライネシャイデックをスタートし標高2320mのアイガークレッチャーまで
目の前には4000m級の名峰や美しい氷河の絶景が次々と！
信じられないほど感動の景色が続きます。

標高2320m！ 絶景広がるアイガークラッシャー駅

アイガークレッチャーを過ぎると
しばらくトンネルの中を走り
ヨーロッパで最も高い標高3454mにある
終着駅のユングフラウヨッホ駅へ。
ここは、まさにトップオブヨーロッパ！
息をのむ大パノラマが広がります。
最終駅に到着したら帰りはアイガークラッチャー駅で降り
クライネシャイデックまでのハイキングがおすすめ。
アルプスの山々を肌で感じる絶景コースになっています。

アイスメーア駅は
絶景氷河が見学でき
る人気スポット

まるで絵画のようなスイスアルプスを眺めながらハイキング

山頂で飲むビールの
美味しいこと！

ハイキング中襲ってくる牛！ 可愛いと思ったら大間違い！ 凶暴です……

下りは1時間ほどの簡単なハイキングコースですが
ステキな景色の誘惑に導かれ
コースを少しでも外れると必ず迷います。
何時間も山中をさまよい遭難しそうになったことも……
山では、各標識をその都度必ずチェックし
どんなに短いコースでも水と食料は必ず持参しましょう。

絶景レストランでランチをするのもスイスのお楽しみ

Zermatt

感動の氷河アルプスを肌で感じるツェルマット

マッターホルンの感動的な景色を眺めながらハイキング！

アルプスリゾートで人気のツェルマット。
標高4478mのマッターホルンの麓にある
シャレースタイルの可愛らしい家々が並ぶ
ロマンティックな村。
冬景色も美しくスノーアクティビティも豊富ですが
美しい花に囲まれリフレッシュできる初夏が最高です！
初心者向けのハイキングコースも多く
美しい氷河や雄大なアルプスを肌で感じながら
ゆったりとした感動の時間を過ごせます。

Gornergrat Bahn

ゴルナーグラート鉄道

氷河とマッターホルンの大パノラマ！

ツェルマットから3000m級の山々の中を走る登山鉄道。
約30分で3089mにあるゴルナーグラート展望台に到着！
頂上ではここでしか見れない美しいマッターホルンや
感動的な大パノラマのゴルナー氷河などが目の前に。
壮大な大自然を肌で感じよう！

天空！ 標高3000mの大自然の中を走るゴルナーグラート鉄道

氷河に囲まれたゴルナーグラートの駅

壮大なゴルナー氷河を眺めながら感動のトレッキング

絶景ランチは
格別です！

マッターホルンを眺めるレストラン

標識は必ずチェックを！

Travel Column

リフレッシュ時間を
過ごしにきてね♪

スイスの山小屋風シャレーホテルに泊まろう

アルプスの旅では、木造の三角屋根と彫刻で装飾された山小屋風シャレースタイルのホテルに泊まるのも楽しみのひとつです。色とりどりの花で彩られた広々としたバルコニー。アルプス風テキスタイルの可愛い部屋。木のぬくもりあふれるインテリア。天然木の香りに包まれるリラックスした時間が過ごせます。スパやレストランも充実した、スイスらしい可愛いインテリアが魅力のとっておきシャレーホテルをご紹介します。

HOTEL ALPENHOF GRINDELWALD

ホテルアルペンホフグリンデルワルト

www.alpenhof.ch

グリンデルワルト駅から高台に上った場所に位置するホテル。部屋やバルコニーからは、村の景色とアイガーをひとり占め！ 広々とした部屋も快適です。朝食のパンがとっても美味しい。

1 花であふれるバルコニーがステキ！ 2 バルコニーからの眺めが最高！ 3 広々とした木のぬくもりが心地よいスィートルーム 4 アルプス風レストランではチーズフォンデュなどが楽しめます 5 グリンデルワルトの村とアイガー北壁が一望できます

ROMANTIK HOTEL SCHWEIZERHOF GRINDELWALD ロマンティックホテルシュヴァイツァーホフ

www.hotel-schweizerhof.com

グリンデルワルト駅を出てすぐ目の前にある便利なホテル。レストランの雰囲気も抜群でスイス料理が美味しい！ 部屋も広く、一部の部屋のテラスからはアイガーの景色を楽しめます。

焼きたてパンを
召し上がれ

1

2

3

1 三角屋根が可愛い伝統的なシャレースタイル！ 2 レストランでは各国料理がいただけます！ 3 広々としたテラスからはアイガーを独り占め

ROMANTIK HOTEL JULEN ロマンティックホテルユーレン

www.julen.ch

ツェルマットにあるロマンティックで可愛いホテル。村の中心にあり眺望は望めませんが、木の温もりに包まれたアルプス風インテリアがリラックスできます。レストランの雰囲気が抜群！ スイス料理とワインが楽しめます。

1

2

1 花でいっぱいの外観がCUTE！ 2 癒される木の香りに包まれたリビングコーナー

Germany《ドイツ》

Weihnachtsmarkt
an der Frauenkirche
Wirtshaus
Kutscherschänke
Restaurant
Heiße Maronen

Plonlein

Rothenburg

メルヘンの世界広がるローテンブルク

ドイツといえば古城巡りやオクトーバーフェスト
世界最大のクリスマスマーケットなどお楽しみがいっぱい。
絵本に出てくるような可愛らしい街並みも魅力です。
ロマンティック街道にある人気都市のひとつ。
城壁に囲まれた中世の面影を残す街並みに
可愛い木組みの家々が並ぶ“中世の宝石”ローテンブルク。
フランクフルトから列車で2時間半
日帰りでもじゅうぶん回れる小さな街ですが
一泊してゆったりと過ごしてほしい、とっておきの街。

BURG-HOTEL

城壁の一部に建てられた素敵な中世の古城ホテルをご紹介します。優しい老夫婦オーナーが出迎えてくれるアットホームな雰囲気が魅力のブルクホテル。12世紀の建物は雰囲気抜群！ロマンテックな天蓋ベッドとインテリアでお姫様気分を満喫できます。お部屋や朝食ルームからは、美しいダイバー渓谷の眺めを楽しんで。ドミニコ修道院の庭園の散策もでき静寂とリラックスの時間をお約束。
burghotel.eu

Deutscher Weihnachtsmarkt

煌めくクリスマスマーケット巡りで
ハートフルなドイツの旅

世界三大クリスマスマーケットが開催されるドイツのクリスマス！
世界最大のシュトゥットガルトのクリスマスマーケット
世界最古のドレスデンのクリスマスマーケット
世界一有名なニュルンベルクのクリスマスマーケット
地方ごとに個性ある伝統、グルメ、衣装、音楽、イルミネーション、香り……
まるで夢の国に迷い込んだような、ファンタジーの世界が広がっています。
ワクワク心踊るクリスマスマーケットへ繰りだそう！

Christmas trip 1

Nürnberg

中世の趣が美しいクリスマスマーケット

中世からの伝統ある
都市のひとつニュルンベルク。
城壁に囲まれた街は今も当時のままの
建物が多く残り雰囲気抜群！
ハウプト広場で開催される
クリストキンドレスマルクトは
おもちゃ箱を引っ繰り返したような
楽しさと華やかさ！
名物屋台が人気で
ニュルンベルガーソーセージや
発祥のレープクーヘンが美味しい！
ドイツのソーセージは大ぶりで
それだけでお腹いっぱいになりますが
ニュルンベルガーソーセージは
日本のウィンナーほどの大きさ。
炭火でカリッと焼いた
ソーセージは絶品！
ぜひお試しあれ。

1ハウプト広場一面に屋台が立ちます　2雪の中を走る馬車。まるで中世にタイムスリップしたよう……　3レープクーヘン発祥のニュルンベルクは辺り一面スパイスの香り

煌びやかな夢のメリーゴーランド！

Christmas trip 2

Dresden

夢があふれるクリスマスマーケット

大聖堂や王宮、ツヴィンガー宮殿など
壮大な建築が魅力のドレスデン。
アルトマルクト広場で開催される世界最古の
クリスマーケットは豪華絢爛！
夢の世界に迷い込んだような不思議な
雰囲気に包まれています。
初めて訪れた時、目の前に広がる
ファンタジーの世界に感動し
夢の中を旅しているような……
フワフワとした感覚になったのを
覚えています。
街のあちこちにクリスマスマス屋台が並び
街全体がロマンティック！
「一番のオススメのマーケットは？」と
聞かれたら迷わずドレスデンの
クリスマスマーケットをオススメします。

Happy Christmas

1 賑やかな雰囲気！ 夢の世界が広がっています　2 夜はキラキラ輝くステキな雰囲気が楽しめます

木組みの家々が並ぶレーマー広場のクリスマス

Christmas trip 3

Frankfurt

Merry X'mas

華やかな冬を楽しめるクリスマスマーケット

中世から続く歴史ある
フランクフルトのクリスマスマーケット。
木組みの家々に囲まれた雰囲気抜群の
レーマー広場で開催されるマーケットは
煌びやかなイルミネーションと
あま〜い香りに包まれています。
世界中から観光客が集まり華やかで
活気にあふれた雰囲気が魅力！
マーケットには200軒以上の屋台が並びます。
毎日行われるニコライ教会での
カリヨンコンサートも神秘的！
訪れる誰もが笑顔になる
ハートフルなクリスマスを楽しめます。

レープクーヘンのお店の前は甘い香りにつつまれる

1 神聖な雰囲気が魅力のミュンヘンクリスマスマーケット　2 雪が降るとより一層ステキなクリスマスを過ごせます

Christmas trip 4

München

荘厳な雰囲気漂うクリスマスマーケット

世界的にも有名なミュンヘンのクリスマス。
まるで教会のようなネオゴシック様式の
市庁舎があるマリエン広場。
ここで開催されるクリスマスマーケットは
神聖で荘厳な雰囲気が魅力です。
市庁舎のバルコニーで毎日行われる
聖歌隊のクリスマスコンサートも人気の秘密。
時間があれば、ビッテルスバッハー広場
で開催される中世の衣装や屋台を再現した
「中世風クリスマスマーケット」も訪れてみて。
一風変わった雰囲気のマーケットでオススメです。

Christmas trip 5

Bremen

メルヘンの世界広がるクリスマスマーケット

グリム童話の舞台となった街が続く
メルヘン街道の人気都市ブレーメン。
「ブレーメンの音楽隊」で有名な街ですが
絵本の中に迷い込んだような
中世の古い街並みも雰囲気抜群。
迷路のようなシュノーア地区には
可愛いお店やレストランが並び
ショッピングや町歩きがとっても楽しい！
マルクト広場で開かれるクリスマスマーケットは
中世の時代にタイムスリップした気分になる
レトロな雰囲気が魅力です。

夜になると多くの人で活気があふれるクリスマスマーケット

可愛いショップが並ぶ
シュノーア地区

美しい広場で開催されるクリスマスマーケット

Christmas trip 6

Heidelberg お城を眺める幻想的なクリスマスマーケット

美しい中世の街並みが残る旧市街

ドイツのなかでも古い歴史が残るハイデルベルクの街。
ドイツ最古のハイデルベルク大学があることでも有名ですが
丘上に佇むレンガ色の美しいハイデルベルク城はまさに絶景！
旧市街には情緒あふれる中世の城下町が今も残り
どこを歩いても絵になる風景が広がっています。
カールス広場で開催されるクリスマスマーケットは
浮かび上がるようにライトアップされたハイデルベルク城を眺めることができ
お城をバックにグリューワインを飲むという贅沢な時間が過ごせるのです！
古城好きにもたまらないクリスマスマーケットです。

Heidelberger Schloss

ハイデルベルク名物
「学生のキス」チョコはぜひ訪れて

1 市庁舎前の広場で開催されるクリスマスマーケット　2 観光客も少ないのでゆっくり楽しめる

Christmas trip 7

Wernigerode

おとぎの国の
ホワイトクリスマスマーケット

可愛らしい木組みの家並みと
SL登山鉄道が人気の
美しい小さな街ヴェルニゲローデ。
街を歩けば、そこはもうおとぎの世界！
とんがり屋根の個性的な建物が並びます。
12世紀に建てられた
古城ヴェルニゲローデ城も必見。
この街で開かれる小さな
クリスマスマーケットは
素朴であたたかい雰囲気が魅力です。
雪と霧に包まれた幻想的な
ホワイトクリスマスに
地元の人たちと交流する
ステキな時間を過ごしてみて。

木組みの家々が立ち並ぶ美しい旧市街

ADVICE

冬のSLハルツ狭軌鉄道に乗ってみよう！

ヴェルニゲローデから魔女が住むといわれるブロッケン山の山頂へ本格的な現役SL蒸気機関車の登山鉄道が走っています。雪と霧に包まれた幻想的な森の中を煙を上げて走るSL鉄道は鉄道ファンでなくても心躍る体験！！ 食堂車では景色を眺めながらお茶もできます。

幻想的な風景を
眺めながら……

Belgium
ベルギー

Bruxelles

美食の街ブリュッセルで
グルメとベルギービールを楽しむ旅

Grand Place

ベルギーの首都、美食の街「ブリュッセル」。
ヨーロッパらしい石畳の街を歩けば
ワッフルやチョコの甘～い香りに包まれます。
グルメにスイーツを楽しんだあとは
800種類以上もあるベルギービールにトライ！
専用グラスとコースターで楽しめるベルギービールは
ワインのように目でも楽しめます。
ビール好きの方にはぜひ一度は訪れてほしい街。
華麗なギルドハウスが建ち並ぶ
世界で最も美しいといわれる広場「グラン・プラス」で
キラキラ輝く夜景を眺めながら
ベルギービールで乾杯！ の旅はいかが？

Brugge

絵本の中を旅するブルージュ

石畳と街を流れる運河が最高にロマンティック！ お菓子のような可愛らしい家々が並び、その美しい街並みは“屋根のない美術館”と呼ばれています。女子なら誰もがきっと心ときめく、魅力がギュッとつまった小さな街。ブリュッセルから鉄道一本で簡単にアクセスできます。ゲントと一緒にぜひ訪れてみてください。

1 ロマンティックな運河クルーズもおすすめ
2 マルクト広場に並ぶカラフルなギルドハウス

Gent

エキゾチックな
中世の面影漂うゲント

街の中心を流れるレイエ川沿いには、中世に建てられたギルドハウスが並び、歴史を感じる街並みがステキな古都ゲント。聖ミヒエル橋から眺める幻想的な夜景も感動モノ。ブリュッセルからは鉄道で30分！ 可愛い雑貨店やオシャレなカフェも多いので、ゆっくりと街歩きを楽しんで。

1 フランド伯の中世のお城からの眺めも最高！ 2 街には可愛いギルドハウスのショップやカフェがいっぱい

聖ミヒエル橋は3つの塔がベストで見えるフォトスポット

イタリア
ITALY

歴史に彩られた世界遺産の街並み
芸術にグルメにショッピング！
旅のお楽しみが満載の国イタリア。
都市ごとに多彩な魅力にあふれています。
なかでもおすすめなのが“水の都”ヴェネチア。
ゆったりとした時間が流れる幻想的な街並み
無数の美しい運河を行き交うゴンドラ
シーフード料理や芸術鑑賞も思う存分楽しめる街。
ゴンドラにゆられながら水上から眺める景色は格別です！
どこをとっても絵になる神秘の街でステキな旅を。

細い運河ではゴンドラの渋滞も！

Venezia

魅惑のゴンドラで巡る迷宮都市ヴェネチア

Gondola Cruise

ヴェネチアの旅に欠かせないのがゴンドラクルーズ！
ボーダーシャツを着たゴンドリエーレと
数百年の歴史あるゴンドラに乗って水上散歩。
カンツォーネをBGMに特別な時間を過ごしてみて。
きっと心に残るステキな思い出になるはず。

1 ゴンドラが行き交うカナルグランデが幻想的！ 2 ゴンドリエーレとゴンドラはヴェネチアならでは 3 運河とゴンドラがまるで絵葉書のよう 4 真っ赤に染まるサンセットは言葉を失う美しさ

Canal Grande

Firenze

美しい夕刻の旧市街

古都散歩が楽しい伝統工芸の街フィレンツェ

ヴェッキオ宮殿から眺めるオレンジ色の美しいドゥオーモ！

トスカーナ地方の古都フィレンツェ。
ルネッサンス文化に彩られた美しい旧市街……。
メディチ家ゆかりのスポットが点在し
“屋根のない美術館”といわれる芸術あふれる街並み。
教会や美術館巡りはもちろんのこと
革製品やマーブル紙など伝統工芸のアトリエも多く
美しい街並みを感じながら散策やショッピングが楽しい！
フレンツェを拠点にトスカーナ地方の美しい街シエナや
古都ルッカなどへショートトリップもおすすめです。

S.MARIA NOVELLA

800年の歴史を感じる特別な空間へ

薬局と合わせて敷地内の教会や美術館も訪れてみよう

現存する世界最古の薬局サンタ・マリア・ノヴェッラ。
メディチ家やナポレオンなど貴族や王族たちに愛されてきた
800年もの歴史を誇るフレンツェ本店は
特別な空気に包まれています。

ステキな香りに包まれる店内

扉を開けた瞬間、漂う高貴な香り……。
神聖な雰囲気のメインホールは、元は修道院の礼拝堂だった場所。
天井のフレスコ画から柱の装飾まで息を呑む美しさ。

修道士たちの慈愛と癒しをモットーに製造されている
天然ハーブを使った上質なポプリやオーデコロンなど
うっとりするほどステキな香りが魅力です。

ナチュラルな香りが心地いいオーデコロン

世界各国、日本にも支店はありますが
800年の時を刻んできたこの場でしか味わえない
特別な時間を感じて過ごしてみてください。

クローゼットにかけておくとふわっと香る人気のサシェ

www.smnovella.com Via della Scala, 16, 50123 Firenze

Travel Column

一生モノのステーショナリーを探しに
古都フィレンツェで小さなアトリエ巡り

職人の町としても有名なフィレンツェ。
美しい建造物を眺めながら街を歩いていると
伝統工芸のマーブル紙のアトリエやカリグラフィーのお店を目にします。
古いお屋敷に迷い込んだかのような店内には
カリグラフィー雑貨や羽ペン、インク、シーリングスタンプがずらり。
その場にいるだけでトキメキがとまりません。
自分時間のとっておきアイテムとして
伝統工芸のステーショナリーを探しに出かけませんか？

Calligraphy

Signum シグヌム

www.signumfirenze.it

フィレンツェにある３店舗の中でもおすすめは本店。製本アトリエ併設で、オリジナル文具やマーブル紙を使ったステーショナリー、シーリングスタンプや羽ペンなど小物や雑貨が充実。旅の記念やとっておきのお土産探しに。

IL PAPIRO イルパピロ

www.ilpapirofirenze.eu/it/

職人さんのマーブル紙デモを見学できるアトリエ兼ショップ。唯一無二の模様が美しいマーブル紙は感動もの！ ここでしか手に入らないマーブル紙のノートや綺麗な便箋や封筒など上質な紙モノが豊富に揃っています。工房見学やマーブル紙制作体験もOK。詳細はホームページから問い合わせを。

Marble Paper

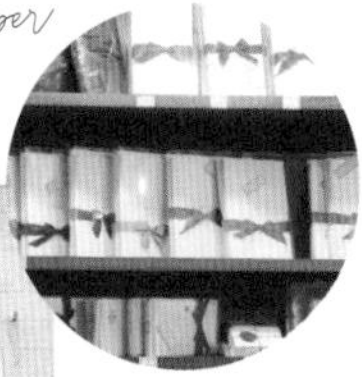

Croatia《クロアチア》

Church St. Mark

Zagreb

ザグレブでクロアチアハートを探す旅

東ヨーロッパに位置するおとぎの国クロアチア。
西欧とはひと味違った
中世のエキゾチックな街並みが魅力です。
歴史に彩られた首都ザグレブの街には
カラフルなデザインが施されたリツィタルといわれる
キュートなハートモチーフがいっぱい！
見所がギュッとつまった可愛いらしい旧市街へ
クロアチアハートを探しに出かけてみませんか？
ステキな教会も多く建築巡りも楽しいザグレブの街。
時間があれば、美しい絵画や彫刻が並ぶ
“世界一美しい”といわれるミロゴイ墓地もおすすめです。

Dubrovnik

憧れの絶景に恋するドゥブロブニク

城壁から眺めるオレンジ色の街並みは感動！

「一生に一度は見たい絶景」が広がる
クロアチアの小さな港町ドゥブロブニク。
可愛く、楽しく、ワクワクが止まらない
真っ青なアドリア海とオレンジ屋根の美しい街並み。
“アドリア海の真珠”と称される絶景は格別！
この感動の景色こそドゥブロブニクの最大の魅力です。
旧市街をぐるりと取り囲む城壁を散策しながら
憧れの絶景を心に焼き付けて。

Romanesque style

14世紀に建てられた美しい回廊のフランシスコ会修道院

Croatia licitar

スルジ山からの眺めは絶景！

城壁に囲まれたノスタルジックな雰囲気の旧市街には
可愛い雑貨店やレストランが並び
一歩裏道に入ると石畳の長い階段に洗濯物……
そんなローカルな雰囲気がとても心地いい。
ゴシック様式の中世の宮殿や教会など見所も多く
気の向くままに路地裏さんぽが楽しい街。
オレンジ色の街灯で一段とロマンティックな夜の旧市街では
シーフード料理とクロアチアワインを楽しんで。

お土産にもピッタリ！ クロアチア刺繍

裏道に入ると長い石畳の階段が続く

旧市街はまるで絵本の中の世界！

美しいディオグレティアヌス宮殿の広場

Split

古代ローマの香り漂う港町スプリット

地中海の魅力あふれるクロアチア第2の美しい古都スプリット。ローマ皇帝が建てたディオグレティアヌス宮殿や1700年前の遺跡群の中にある旧市街はどこかミステリアス。古い物語の世界へ迷い込んだような不思議な魅力の街です。
スプリットの最大のお楽しみは地中街グルメとワイン！ 古代遺跡の中でヴァイオリンの音色と海風を感じながら絶品シーフードを楽しむ贅沢な旅時間を過ごしてみてください。

石造りの大聖堂の鐘楼からは街が一望できます

旧市街の石畳を歩けば古代へタイムスリップ！

ゆったりとした時間が流れる街

美しい街並みは感動の連続！

Adriatic sunset

夕方は海沿い散歩が心地いい

ADVICE

スプリットでは
古代遺跡ホテルに泊まる

旧市街には歴史的建造物を利用した遺跡ホテルが多く、部屋の壁や天井に古代遺跡の一部が残る石の部屋が人気。1700年の時を超え遺跡の中心に自分がいる不思議を感じながら……遠い昔に思いを馳せるロマンチックな滞在を楽しんで。

旅コラージュコラム
Travel Collage
COLUMN

World Souvenirs

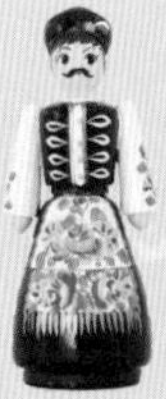

旅先で見つけてきた可愛い雑貨たち。
その国でしか買えないものを
その時の直感でセレクトした宝物。
そうして集めてきたものは
今でも大切な思い出のカケラです。

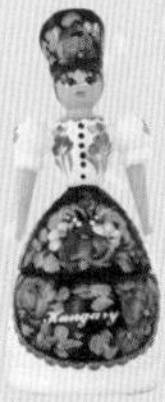

ハンガリー刺繍のアンティーク切手

Wooden Souvenirs

チェコへ旅するたびにひとつずつ連れて帰っている木の人形

つい集めてしまう刺繍雑貨

顔の表情がなんともいえない
マトリョーシカ

イラストがステキなオランダの木靴

Bosnia Herzegovina
ボスニアヘルツェゴビナ

Mostar

エキゾチックな魅力あふれるモスタル

ヨーロッパにありながらイスラムやアジアなど
多彩な文化や民族が共存する
エキゾチックな国ボスニアヘルツェゴビナ。
オリエンタルな雰囲気が魅力の古都モスタルは
オスマン帝国時代から続く職人街が並び
美しいネトレヴァ川や自然に囲まれた世界遺産の街。
エメラルドグリーンの川に架けられているのは
平和の象徴“スターリ・モスト”。
橋を隔てたふたつの街は雰囲気もガラリと変わり
静かで神秘的な街も、ふと立ち止まれば
民家の壁には今も生々しい銃弾の跡が残されていたり……
平和について考えさせられる街でもあるのです。
クロアチアと一緒にぜひ訪れてみてください。

Stari Most

Montenegro
モンテネグロ

Kotor

不思議の街コトルで
ファンタジーの世界へタイムトリップ

Fantasy world

クロアチア・アルバニア・セルビアに囲まれた
自然豊かな東欧の小さな国モンテネグロ。
世界遺産に登録されているコトルは
中世の薫り漂う可愛らしい港街。
城壁に囲まれた旧市街に足を踏み入れた瞬間
まるでファンタジーの世界へタイムトリップ！
美しい石畳、ゆったりと流れる時間は
静かなのにどこかワクワクする夢の中のよう……。
歴史を感じる街には美しい教会が立ち並び
不思議な空気に包まれて、のんびりと街歩きが楽しいところ。
城壁まで上ると感動の絶景が広がっています。
モンテネグロはワインも美味しいのでぜひ試してみて。

Portugal
ポルトガル

Porto

ノスタルジックなポルトでセピア色の旅

日本から遠く離れたヨーロッパ大陸、西の果て
どこか懐かしさを感じる不思議の国「ポルトガル」。
アズレージョで彩られた歴史ある街並み
洗濯物がなびく坂道をゆっくりと走るケーブルカー
哀愁漂う旋律が美しいポルトガル民族音楽“ファド”
シーフード料理にレトロ可愛い雑貨
心あたたまる魅力がいっぱい！の国。
おすすめの街はたくさんありますが
まずは、この国の歴史が始まったポルトを旅してみませんか？
異国情緒あふれるセピア色の街を歩けば
ノスタルジックな雰囲気に心躍る感動が待っています。

Gypsy Music

レトロなセピア色のトラムとカルモ教会

エキゾチックな魅力漂う港町ポルト。
アズレージョに彩られた教会や建物
歴史を感じるレトロなカフェやお店も
ポルトガルらしい素朴でゆったりとした雰囲気が流れています。
セピア色のトラムに乗って歴史ある街並みを楽しむ旅。
ヨーロッパなのにどこかエキゾチックで懐かしい……
不思議な魅力が広がっています。

マッチ箱のような
建物が可愛い！

レトロ可愛いお店もいっぱい

マッチ箱が並んふだようなカイス・ダ・リベイラ

Cais da Ribeira

ゆったりとした時間が流れる
ドウロ川沿いに広がるカイス・ダ・リベイラ地区。
マッチ箱みたいな可愛らしい家々と洗濯物……
ポルトガルらしい異国情緒あふれる風景が人気のスポット。
坂の小道にはステキなレストランも多く
ポルトガル料理とサングリアを楽しむ時間が心地いい。
対岸のヴィラ・ノヴァ・デ・ガイアには
古い町並みが残りワイナリーが並んでいます。
下町さんぽの合間にワインテイスティングも忘れずに。

窓際の洗濯物が
風物詩

坂道が続くポルト街歩きはフォトジェニック

ドン・ルイス1世橋から眺める絶景カイス・ダ・リベイラ

リスボンらしい坂道を登るケーブルカービッカ線

Lisboa

哀愁漂う坂道と路面電車で旅するリスボン

“七つの丘の街”と呼ばれるリスボンの街。
どこを歩いていても坂道がとっても多いのです。
リスボンの魅力は何といってもそんな坂道をゆっくりと走る路面電車やケーブルカー。
狭い路地の幅ギリギリに走るレトロな路面電車はスリル満点！
長い坂道と階段が風情あるバイロ・アルト地区のケーブルカーのビッカ線
哀愁漂う下町のアルファマ地区の路地を走る路面電車はぜひ訪れてみてください。
乗っても楽しい、撮っても楽しめるフォトジェニックなリスボンの風景に出会えます。
そして、この街を旅するにはスニーカーを忘れずに。

壁スレスレを走るアルファマ地区の路面電車

Ascensor da Bica

美しい教会とトラムのコラボもアルファマ地区で

カフェの真横を通り過ぎる路面電車！

ADVICE

心に沁みるポルトガルのファドを聴きに
カーザ・ド・ファドへ

スペインにフラメンコ、アルゼンチンにタンゴがあるようにポルトガルには哀愁漂う旋律が美しい「ファド」という民族音楽があります。どことなく切ない心に沁みる「ファド」は哀愁と郷愁あふれる心の歌。ポルトガルを訪れたら夜のファドライブは外せません。アルファマ地区やバイロ・アルト地区の下町にファドが聴ける「Casa de Fado」が多くあります。演奏開始時間が遅いので、ホテルなどでタクシーを手配して訪れてみてください。きっと心に残るステキな旅時間になるでしょう。

Travel Column

ポルトガルの美しき伝統工芸
アズレージョを巡る旅

２万枚のアズレージョで彩られた“世界で最も美しい”サン・ベント駅

Azulejo

イスラム文化が発達したスペインから持ち込まれた
ポルトガルの装飾タイル“アズレージョ”。
数百枚の白いタイルに青い染料で描かれたタイルには
貴族の生活風景やお祭りの様子、宗教画など
うっとりするほど美しい繊細な絵が描かれています。
眺めていると一つひとつに物語があり
遥か遠い時代にタイムトリップしてしまいそう！
街を歩けば駅の壁や教会のファサード、看板、標識など
至る所で美しい“アズレージョ”に出会います。
路地の一角の小さな壁の一部に
ステキなアズレージョが隠れていることも。
宝探しのように街歩きしてみると面白いです。

1ポルトガル最大といわれるアズレージョに包まれるカルモ教会　2サンタ・カタリーナ通りでひときわ目を引くアルマス聖堂　3バターリャ広場にあるイルデフォンソ教会　4壁一面に描かれた壮麗な宗教画のアズレージョ

バルト三国

Baltic States

バルト海の東岸に並ぶ3つの国
エストニア、ラトビア、リトアニア。
首都の旧市街はそれぞれ世界遺産に登録され
中世の薫り漂う絵本のような街並み
素朴であたたかな手仕事雑貨など
可愛い 魅力がつまったおとぎの国々。
個性豊かな伝統に彩られたステキな３カ国の
違いを感じる旅に出かけてみませんか？
移動は快適で便利なバスがオススメです。

Tallinn

可愛いおとぎの街タリンで
心躍るハンディクラフト探しの旅

バルト三国を旅する最初の国として
アクセスも良くおすすめの国エストニア。
首都のタリンへはヘルシンキからフェリーでたったの2時間。
ヨーロッパの隠れ家的な魅力あふれる街です。
パステルカラーの可愛らしい街並みは絵本の中の世界！
城壁に囲まれたフォトジェニックな旧市街には
リネンや手仕事雑貨の可愛いお店が並び
ショッピングが楽しい街です。
おとぎの街へハンディクラフトを探しの旅に
出かけてみませんか？

Alexander Nevsky Cathedral

Riga

素朴な手仕事の街リガへ
世界にひとつだけのラトビアミトンを探しに

Sweet Reatorans

バルト三国のちょうど真ん中に位置する
美しい自然に囲まれた森と湖の国ラトビア。
その美しさは“バルト海の真珠”ともいわれています。
首都のリガにはユーゲントシュティール様式の建物など
美しい歴史的建造物が多く残り
ゆっくりと街歩きを楽しみたい場所。
素朴な手仕事雑貨や伝統ラトビアミトンのお店も多く
フォークロア好きな人にはたまらない街です。
毎年6月に開催される民芸市も外せません。
世界にひとつだけのラトビアミトンに出会えるかも。

St.Casimir's Church

Vilnius

バロックの街ヴィリニュスで教会巡り

バルト三国のなかで最も南の国リトアニア。
美しい首都ヴィリニュスは
ヨーロッパ最大の旧市街を持つ魅力あふれる街。
いちばんの見所はゴシック・ルネサンス・バロックなど
様々な建築様式の建物が並ぶ旧市街。
荘厳な教会と鐘の音色に彩られたステキな街……
教会好きな方は何日あっても足りないくらい。
ゆっくりと滞在して教会巡りを楽しみたいところです。

Latvijas Mitten

受け継がれる伝統クラフトの代表ともいえる
素朴なぬくもりが魅力のラトビア手編みミトン。
一つひとつの紋様には意味が込められていて
色のバリエーションも豊富でどれも可愛い！
冬はぬくぬく。インテリアとして飾ってもステキです。
コツコツと探して見つけた宝物をご紹介。

Bolivia

ボリビア

La Paz

標高3600m！絶景の天空都市ラパス

標高4000mの空港から街に向かうとき目にする感動の絶景！

世界一高所にあるボリビアの首都ラパス。
首絞め強盗など治安が悪く危険な街との噂もチラホラ……
それでも、この街の絶景は一生に一度は見ておきたい。
富士山よりも高いところに街があり
人々が普通に暮らしているって想像できますか？
すり鉢状に広がるカラフルな家々はまるでミニチュアの世界。
周囲には6000m級のアンデスの山々がそびえたち
山肌にもびっしりと家がならんでいる光景は
感動を通り越して「すごい！！！」
思わずそんな声が出てしまう圧巻の景色が広がっています。

山高帽にふんわりスカートが可愛いインディヘナ

ミテレフェリコで空中散歩。絶景を楽しむなら、イエローとグリーンラインがおすすめ

坂道の多いラパスの街歩きはゆっくり歩いて深呼吸が鉄則！

坂道が多く標高差の激しいラパスでは
貧富の差で住む場所が顕著に変わり
すり鉢状の底辺部（空気の濃いところ）に富裕層
高地に行けば行くほど貧困層が住み治安も悪くなるそう。
エル・アルトなど高地を散策するときは
現地の人と一緒に行くなど最新の注意を払いたいところ。
街は少しの高低差で酸素濃度も激変するため
ただ歩いているだけでもゼェゼェ、ハァハァ……
こんな状態で強盗にでもあったら……
逃げることもできないな、なんて考えながら
気を張って街歩きしていました。
空港やホテル、カフェなどには
酸素ボンベが常備されていますが
無理せずゆっくり休息をとりながら
散策を楽しんでください。

歩くだけでも楽しい市場

すり鉢状のラパスの夜景は波打つようにキラキラと輝いて、まるで宝石箱をひっくり返したような感動の美しさ！夜景は必ず現地の人と一緒に行くかツアーなどを利用しましょう

Salar de Uyuni

一生に一度は体験したい

感動の絶景ウユニJOURNEYへ

インディヘナがお出迎え

1 Uyuni ウユニ村

ウユニ塩湖へのルートでまず立ち寄るウユニ村は
カラフルな民族衣装のインディヘナの女性が暮らす小さな村。
三つ編みの後ろ姿が可愛くてつい写真を撮りたくなります。
塩湖で履くための長靴もここでレンタルし
4WDに乗っていざ絶景のウユニへ！

標高3600mの街は空気が澄んで空が近い！

4 Playa Blanca プラヤブランカ

ウユニのフォトスポットのひとつ。
塩のホテルだったところが現在はウユニの休憩所に。
塩湖に世界各国の旗がなびく姿が絵になる！
ウユニ塩湖に入るとトイレがありません。
塩湖に行く前にここで済ませておこう！
ペーパーはないので忘れずに。

② Colchani コルチャニ村

コルチャニ村には鉄道も走っています

ウユニ村を出発してしばらくすると
舗装道路はいつの間にかなくなり
白銀の世界広がる塩湖へ！
塩湖の入り口にあるコルチャニ村。
ここではボリビアらしいカラフルな雑貨や
小さなパック入りのウユニの塩やバスソルトなど
ここでしか買えないお土産がズラリ！

ウユニで採れた塩は
お土産に○

ウユニの塩でできた
アルパカが可愛い！

カラフルな南米のお土産がいっぱい！

③ Cementerio de Trenes 列車の墓場

ウユニの中にこつ然と現れる古い列車。
かつて使われていたSL機関車などが
放置されていて
その数はなんと100両以上！
観光客に人気のフォトスポットになっています。

真っ青な空に古い列車が絵になるスポット

列車の上で記念撮影！

Salar de Uyuni

標高3700mに広がる天空のパワースポット！
宇宙と繋がる奇跡のウユニ塩湖

「死ぬまでに一度は見たい絶景」として人気のウユニ塩湖。
乾季には一面まっ白な塩の結晶が広がる絶景。
雨季には降った雨が広大な塩湖に水溜りとなり
天空の水鏡として心震える神秘的な景色が広がっています。
ウユニのドラマティックな絶景に出会うには天候も重要で
その日、どんな景色が待っているのかは、まさに神のみぞ知る。
ウユニでは、目の前に広がる一瞬一瞬が奇跡の連続！
刻々と流れゆく目の前の景色、一期一会の絶景を、
ひと時も目を離さず心に刻んでおきたい場所です。

360度何もない絶景でピクニック！

写真で見るより実際にその場に身を置いてみると
あまりにも完璧で壮大な景色に圧倒され
言葉を失ってしまうほど。
まさに、ここでしか出会えない奇跡の絶景！
風の音だけが流れるウユニの真ん中で
なにもせずただハートで時の一瞬一瞬を感じる一日。
余計なものが一切ない自然が創ったその景色の中で
静かに宇宙と繋がる時間……
たくさんの気づきに出会う究極のパワースポットです。
そして、夜には空から降り注ぐ満点の星空！
もう、ここでは体験全てがMAGIC！
人生観までも変わってしまう奇跡が待っています。

雨季（12月～3月）は鏡張りのミラクルな絶景！

乾季（4月～11月）のウユニは永遠に続く真っ白の世界！

360度つつまれる感動のサンセット！

Salar de Uyuni

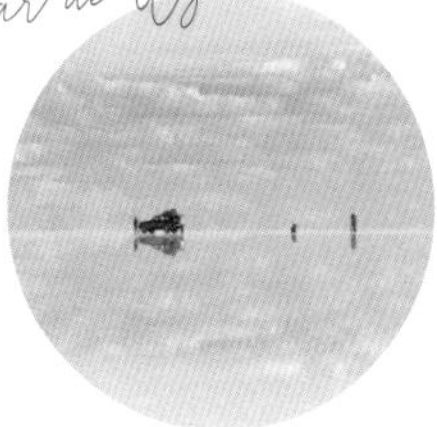

Travel Column

憧れ！ウユニ塩のホテルでパワーチャージの旅

ウユニで自然のエネルギーに癒されたあとは、塩のリゾートホテルで心と身体の浄化とパワーチャージ！ 床もテーブルも、椅子も、ベッドまで全てが塩でできているホテルです。ネガティブな邪気を祓う効果があるとされる塩。そんな塩に360度囲まれたホテルでの滞在は、最高のデトックス！ ウユニの真ん中にありながらシャワーもエアコンも完備。目の前に広がるウユニの絶景を、朝も夜も好きな時に心ゆくまで楽しんで。

1 ホテルの廊下も塩！ 居るだけで浄化されそう！ 2 真っ白な塩の中にカラフルなインテリアが可愛い 3 塩でできたベッド！ 4 ホテルの前に広がるウユニ塩湖 5 壁のブロックも塩 6 テーブルも塩！

HOTEL de Sal Luna Salada
ホテル ルナサラダ
lunasaladahotel.com.bo

PERU《ペルー》

インカ帝国の長い歴史を持つペルーは
アンデス山脈の自然に囲まれミステリアスで神秘の国。
無限に広がる宇宙のヘソといわれ
太陽の祭り“インティ・ライミ”が行われる聖地！
マチュピチュへの玄関口となる古都クスコには
太陽の神殿や遺跡、南米バロック芸術の最美と称えられる
ラ・コンパニーア・デ・ヘスス教会など
素晴らしい見所が点在する魅力あふれる街。
マチュピチュへの通過点として
通り過ぎるだけではもったいない。
ぜひ、ゆっくりと街歩きを楽しんでほしいところです。

サンタ・クララ通りにはステキなお店もいっぱい

Cusco

インティ・ライミの聖地！太陽の神が宿る街クスコ

1

2

3

1なんてステキな民族衣装！興奮してシャッターを切る手が止まりません　2 丘の上から眺める標高3400mの絶景は心が震える感動！3 美しい回廊の太陽の神殿！サント・ドミンゴ教会は必見　4 アルパカと民族衣装が可愛い

\ Hello Andes /

4

クスコは標高3400m！高山病に注意が必要です。私自身あまりにも美しい街並みに高地だということを忘れてしまい、興奮しすぎてシャッターを切るうちに高山病で呼吸ができなくなった場所です。倒れていると優しい現地の人たちに助けてもらったのはいいけれど……わけのわからない薬草を飲まされたり、煙を嗅がされ動けなくなって運ばれるという悲惨な状態に。クスコの街歩きは、くれぐれも無理をせずゆっくりと、が鉄則です。

Chinchero

アンデスの民族衣装に魅せられて
織物の村チンチェーロを訪ねる旅

カラフルな民族衣装に心奪われるチンチェーロ村の女性

クスコとマチュピチュの間に広がる“インカの聖なる谷”。
5000m級のアンデスの山々に囲まれた神聖な谷に
インカ帝国時代の遺跡や可愛い小さな村が点在しています。
富士山と同じ標高3700mの高地に位置するチンチェーロ村は
素朴な人々の暮らしが残るアンデス伝統織物の村。
色鮮やかな民族衣装をまとったインディヘナが迎えてくれます。

神秘的な空気が漂う絶景！「インカの聖なる谷」

5000m級のアンデスの山々に囲まれた民芸市

美しい衣装で織物をする女性のステキなこと！

チンチェーロではアンデスの自然染色の伝統が今も受け継がれ、薬草や野菜など様々な自然原料を使ってアルパカの毛などを染色し、リャマの骨でできた手織り機で民族衣装を作っているそう。こうしてできた彼女たちの鮮やかな民族衣装……なんてステキなんでしょう！ 私は高山病が酷すぎてチンチェーロ村でも倒れていましたが、こんなステキな民族衣装を前に倒れている場合じゃない！ と酸素ボンベに助けられながら必死で撮影していました。フォークロア好きな人にぜひおすすめしたい村です。

色鮮やかに染色されたアルパカの毛

帽子も可愛いチンチェーロの女性たち

可愛い民族衣装の女の子とリャマ

Bienvenido

Aguas Calientes

アンデスの秘境マチュピチュ村

マチュピチュへの玄関口となるアグアス・カリエンテス（マチュピチュ村）。どこか懐かしい日本の温泉街のような!? 雰囲気が漂っています。それもそのはず、村はずれに温泉が湧いているので、実際に入ることもできます。お土産屋さんやレストラン・ホテルが立ち並び、ブラブラとそぞろ歩きが楽しいところ。マチュピチュ遺跡へは、この村からバスに乗って向かいます。

ADVICE

絶景！展望列車でいざマチュピチュへ

マチュピチュ遺跡へ訪れる拠点になるマチュピチュ村へ向けオリャンタイタンボ駅からステキな鉄道の旅のスタートです！ のどかな風景やアンデス山脈やウルバンバ川などアンデスの移りゆく絶景を眺めながら1時間半の列車の旅。

1 ガラス張りの窓からの景色を楽しみながら
2 渓谷の中を走るペルーレイルで鉄道の旅

アンデス
サンポーニャの
音楽楽しんでね！

Machu Picchu

壮大なエネルギーに包まれる神秘のマチュピチュ

標高2400mの断崖に突如現れる幻の空中都市。こんな場所になぜ？ どうやって？ 宗教都市、王の別荘、コカの栽培所など様々な説がありますが今も謎に包まれたまま……まさに神秘の遺跡！ 古代アンデス文明に思いを馳せ、謎解きのように歩くマチュピチュ。実際この場に立って肌で感じるエネルギーはテレビや雑誌で見たものをはるかに上回る感動です。訪れた人だけの特別なご褒美かもしれません。

霧の中登るマチュピチュは幻想的な雰囲気

Travel Column

絶景の宝庫！南米旅での高山病対策

低地から標高2500m以上に移動した時に発症する高山病。何もなく普通に過ごせる方もいるようですが、空港や街で苦しんで倒れている方にもたくさん遭遇しました。私自身、高度順応するルートにしたにも関わらずクスコ到着の数時間後に頭痛、嘔吐、呼吸困難など……かなり苦しい状況になり、その後も完全復活とはならず南米滞在中の約1カ月、顔も手の先も痺れて感覚がない、唇が紫色……頭痛、下痢、嘔吐、夜は呼吸困難で毎晩酸素吸入するほどずっと苦しみました。おかげで、5kgほど痩せてゲッソリ帰国……。帰国便でアメリカに到着した時の感動を今でも忘れません。普通に息ができる！会話ができる！食事ができる！深呼吸ができる！歯磨きが苦しくない！アルコールが飲める！普通に過ごせることのありがたみを改めて実感しました。高山病の対策として一番は高所に入る前からダイアモックスなど薬を飲んでおくこと。苦しくなったらすぐに高度の低い場所に移動する。現地に着いたら全ての行動を大げさではなく超！超！スローに。高山病になると本当に息ができなくなって苦しいです。ホテルや空港、レストランなどでも酸素ボンベが置いてあるので苦しくなったら利用させてもらいましょう。南米ではコカインの原料となるコカの葉も高山病に有効だと聞き、コカ茶は毎日飲んでいました。コカキャンディも効くそうです（もちろん日本には麻薬として持ち帰りできないのでご注意を）。私はツアーではなく個人での旅だったので苦しくなった時は高度を下げるなど自由に行動できましたが、ツアーだとなかなかそういうわけにもいかないですよね……。せっかくの楽しいスケジュールが全て台無しにならないようぜひ万全の対策で旅をすることをおすすめします。

2

3

1 あちこちで売られているコカの葉　2 日本から持参したお菓子も高地ではパンパンに！　3 コカ茶も高山病に効果があるそうです

Coca candy

NEPAL

ネパール

Kathmandu

神々の聖地カトマンズでスピリチュアルな旅

ヒンドゥー教や仏教などが混在し様々な神様が住むカトマンズ。
爆音のクラクションとホコリ、排気ガスにまみれる街には
車、バイク、リキシャ、牛、猿が行き交い、まさにカオス。
目の前に広がる“非日常”は時に不思議で
ここはどこかのテーマパーク？夢の中？と
日本とはあまりにもかけ離れた文化や人、生活に驚くばかり。
ただ道ゆく人を眺めているだけでも飽きません。

リキシャに乗って散策も楽しい！

Namaste

パシュパティナートで瞑想するサドゥー

Boudhanath

祈りを捧げる神聖な曼荼羅の地
ボダナート

特別な“気”のある地に建てられたチベット仏教の聖地「ボダナート」。ネパール最大のストゥーパ（仏塔）を取り囲むようにマニ車や仏像が配置され、上から見るとストゥーパ自体が曼荼羅になっています。宇宙全体のエネルギーを表しているのだとか。五体投地をする人やマニ車を回しながら祈りを捧げる人で、辺りには神聖な空気が流れています。

1 マニ車を回し祈りを捧げる巡礼者の姿　2 仏法が風に乗って広がるよう願いが込められたタルチョ

空になびくタルチョと四方を見渡すブッダの目

Spiritual spot!

Patan

「美の都」古都パタンで寺院巡り

「カトマンズの谷」の中でもネワール建築が特に美しいパタンの街。この街のネワール人たちは、彫刻や絵画など芸術に秀で工芸の街として人気です。赤のダルバール広場には、寺院や旧王宮など細部まで美しい建物が並んでいます。美術館のような街をゆっくりと歩いてみてください。

美しい寺院や宮殿が建ち並ぶパタンのダルバール広場

Bhaktapur

涙が出そうになるほど美しい古都バクタプル

ネパールに行くならぜひ訪れてほしい町のひとつ、レンガ造りの古い寺院や建物が美しい古都「バクタプル」。“カトマンズの谷”にある古都の中でも中世の街並みがそのまま残り、壮麗なネワール建築の家々や人々の素朴な暮らしがなんとも美しい静かな街。どこかゆったりとした空気が流れているのも魅力です。日帰りで訪れることもできますが一泊でもいいので町の素朴な空気を味わってみてください。

女性たちの衣装が美しい！

Nostalgie

レンガ造りの建物と民族衣装の女性が絵になる風景

1 ハッピーな笑顔があふれる瞬間に出会った！　2 民族衣装の帽子「トピ」をかぶった男性たち

レンガ造りの家と民族衣装がステキ！

Kirtipur

まるで時が止まった
静かな古都キルティプル

カトマンズから車で約50分ほどのところにある小さな町。カトマンズの喧騒からは想像もできない、のんびりとした静かな暮らしが残っています。車の出入りも制限されているためか、いつの時代にタイムスリップしたのかと思うほど、まるで古い映画の中の世界を旅しているよう。丘の上にあるバグ・バイラブ寺院からの絶景も素晴らしい！

ネワール建築の窓枠が美しい家

Himalayan Range

Nagarkot

ヒマラヤの雄大な自然に包まれるナガルコット

短期のネパール旅でもぜひオススメしたいのが、標高2175mにある村「ナガルコット」。ヒマラヤの素晴らしい景色と大自然のトレッキングが楽しめます。おすすめはナガルコットからチャングナラヤンまでの片道5時間ほどのトレッキング。個人でもトライできるコースですが、できればホテルなどでガイドを頼むと安心です。素朴な村の人たちとの出会いもトレッキングの醍醐味！ ゴールは美しい世界遺産のチャングナラヤン寺院へ参拝して帰ろう。

1 素朴な暮らしが広がる村を訪ねて　2 トレッキングでは村の人との出会いも宝物　3 チャングナラヤンの曼荼羅職人の工房を訪ねて

Pokhara

喧騒に疲れたらポカラでリラックス

心が癒される美しいフェワ湖の景色

8000m級のアンナプルナ山群と美しい湖に囲まれた山岳リゾート「ポカラ」。街からは神聖な霊峰として崇められているマチャプチャレを眺めることができ、大自然の中、登山やサイクリング、パラグライダーなどアクティビティも豊富です。ホテルやレストランが並ぶ賑やかな雰囲気のレイクサイドにはヨガやメディテーションスタジオもあり、心のデトックス旅にもおすすめ。

ポカラでは
絶景を楽しんで♪

Dalbhat Tarkari

ネパールの定食「ダルバート・タルカリ」

サランコットの丘から眺めるマチャプチャレ

Turkey
トルコ

Merhaba

Istanbul

神秘の街エキゾチックイスタンブール！

ヨーロッパとアジアが交差する神秘の国「トルコ」。
イスタンブールという名前の響きに惹かれて
ずっと憧れていたトルコを訪れました。
トルコといえばカッパドキアなど広大な自然も人気ですが
心奪われる美しさのブルーモスクや
ビザンチン建築の最高傑作といわれるアヤソフィアなど
神秘的な見所が多いイスタンブールは外せません。
東洋と西洋の文化が融合された異国情緒あふれる街並み
エキゾチックなショッピングが楽しめるバザール
人懐っこくフレンドリーなトルコの人たちとの出会い。
どれを取っても刺激的でエキサイティング！
街の名前からスタートする旅もなかなかいいものです。

活気あふれるエミノニュ広場

エキゾチックな街並みはもちろんのこと
トルコ最大の魅力は“人”との出会いかもしれません。
人懐っこくフレンドリーなトルコの人たち。
トルコを旅している間、どれだけの人に親切にしてもらったことか。
親切というと少し違うような気もしますが……
見知らぬ旅人に対して、家族のように接してくれたり。
挨拶を交わしただけで、食事をご馳走になったり。
損得勘定なしにハートで接してくれるその姿に
騙されてる？ なんて少しでも疑ってしまった
自分自身が情けなくなってしまうほど。
ステキなトルコの人たちとの出会いが
トルコ旅の思い出としていちばん心に残っています。

お洒落な雰囲気がステキなフランス小路

夜も圧倒的な美しさ！ ブルーモスク

Grand Bazaar

世界最大！
グランドバザールで異国体験

可愛い雑貨を探すならグランドバザールがおすすめ。
550年以上の歴史がある迷路のようなバザールには
なんと！4000軒以上ものお店やカフェが並んでいるのです。
キラキラ輝くトルコランプやキリム、スパイス
エキゾチックな魅力のトルコ雑貨がズラリ！
お土産探しに出かけてみませんか？

1 お店の人との交渉も楽しんで　2 モザイクランプはお土産にも○　3 活気あふれるバザール！

トルコには自然が織りなす絶景がたくさんありますが
なかでも人気なのが広大なカッパドキアの奇岩群。
一生に一度は訪れたいダイナミックな絶景のひとつです。
火山の噴火と雨風の浸食によってできたキノコ岩を見ていると
地球外の星に降り立ったような不思議な気分に。
岩の中に残る地下都市には教会や修道院なども残されていて
見所も多いので時間をかけてゆっくりまわりたいところ。
カッパドキアは地上から楽しむのもいいけれど
気球に乗って空から絶景を眺める時間をぜひ作ってみてください。
果てしなく連なる岩肌の合間をゆっくりと進む気球は感動です！

気球から眺める朝日に照らされる感動の絶景！

Cappadocia

気球に乗ってカッパドキアを空中散歩

Uchisar　絶景！感動のウチヒサール城

蜂の巣状になった岩窟都市遺跡ウチヒサール城。
まるでファンタジーの世界に迷い込んだような絶景です。
頂上に登るとカッパドキアの広大なパノラマが広がり
壮大な景色から感じる地球のパワーに言葉にならない感動！
お城を取り囲むように村が広がり、ステキな洞窟ホテルもあります。
ぜひ宿泊して夕日に染まる幻想的な絶景を心ゆくまで堪能してください。
ウチヒサールからギョレメまで、絶景を眺めながらハイキングもおすすめです。

頂上からはカッパドキアの
大パノラマ！

1

2

3

1 まるでラピュタの城！ 絶景ウチヒサール城　2 山肌にへばりつくように広がる村　3 伝統的なキリムを編むおばあさん

Travel Column

カッパドキアで魅惑の洞窟ホテルに泊まろう

Uchisar View

カッパドキアでのお楽しみは絶景だけではありません。
非日常を味わえる洞窟ホテルもぜひ体験したいところ。
自然の奇岩を利用した重厚な洞窟ホテルでは
昔は人が暮らしていた洞窟をリノベーションし
快適に不思議な空間を楽しめます。

1 ウチヒサールの断崖絶壁に建つ洞窟ホテルは眺めが最高！ 2 ギョレメの洞窟ホテルは奇岩を眺めながら朝食を 3 テラスでは絶景を楽しんで 4 お部屋の壁ももちろん岩！ ひんやりと涼しい

カッパドキアの絶景を眺めながら
テラスでいただく朝食も格別です！
ギョレメには洞窟ホテルが充実していますが
静かに落ち着いて絶景を楽しむなら
ウチヒサールの洞窟ホテルがおすすめです。
洞窟での非日常体験を味わってみてください。

1 洞窟といっても窓もあり快適に過ごせます　2 山肌に建つ洞窟ホテル！　3 テラスからはカッパドキアの絶景を楽しめる　4 ライトアップされた洞窟ホテルはテーマパークのよう！　5 きのこ岩を眺める洞窟ホテル　6 ウチヒサールでのウェルカムドリンクは白ワイン

Tunisia《チュニジア》

Cafe Sidi Chabaane

Sidi Bou Said

イスラムの香り漂う青と白の街シディ・ブ・サイド

北アフリカのエキゾチックな国「チュニジア」。
世界遺産に登録されている美しき首都チュニスから
レトロな列車TGMに乗って訪れるのは
チュニジアで最も美しいといわれる港町シディ・ブ・サイド。
白壁を彩る青いドアとピンクのブーゲンビリア！
ここがアフリカ？ 自分の目を疑ってしまうほど……
まるでヨーロッパリゾートのようなおしゃれな雰囲気です。
美しいタイルに感動の“アラブ地中海音楽博物館”や
チュニジア最古のカフェなど見所も多く
地中海の風を感じながらリラックスできる街。
初のアフリカ旅にトライするにもピッタリの可愛い街です。

Morocco
モロッコ

Rosepinkcity

Marrakech

魔法にかかったローズピンクの街マラケシュ

アフリカ大陸西の果て、遠い異国の地「モロッコ」。
まるで巨大迷路のようなアラブのスーク……
魅惑のメディナに響き渡るアザーンの音。
心震えるダイナミックな絶景が続く砂漠地方。
どの瞬間を取ってもワクワクとドキドキが常に一緒の旅。
旅をしていて、こんなにもエキサイティングな国は
他にはないかもしれません……。
そんなモロッコ旅のスタートは
エキゾチックなローズピンクの街マラケシュから。
魔法にかかってしまった？ と思うほど
ミラクルな出来事が次々と起こる摩訶不思議な街です。
異国への扉を開けて、冒険の旅が始まります。

Photogenic Marrakech

ピンク色のマラケシュのメディナに一歩足を踏み入れると
“ミステリアス”“エキゾチック”“可愛い！”がミックスされた
どの国の、どんな街とも違う不思議な魅力があります。
カメラ片手にフォトジェニックなマラケシュを探検してみませんか？

Pink city Morroco

ローズピンクの魅惑の街並み
繊細なゼリージュで彩られたイスラム建築
活気あふれるフナ広場の喧騒
スークを歩けばバブーシュやランプ、キリムなど
色あざやかなモロカン雑貨がズラリ！
エネルギッシュでアツいモロッコの人たち……
目に映るもの出会うもの全てがパワフルな街。
まさに、魅惑のラビリンス！！！

Merzouga Sahara

究極のパワースポット！サハラ砂漠へ

モロッコを旅するならサハラ砂漠は外せません。
マラケシュからアトラス山脈を越えて
カスバとオアシスのダイナミックな絶景を眺めながら進む
砂漠地方への旅は感動！ 感激！ ワクワク！ の連続！
毎回、同じ場所で体調を崩して倒れることがわかっていても
時間をかけて遠くまで来てよかった！ そう思える場所です。

砂漠の入り口に着いたらラクダに乗って砂漠の奥地へ。
待っているのは圧倒的なスケールの別世界！
風の音をバックにサラサラの砂の上で寝転がっているだけで
自分の中にあった価値観なんて全てかき消されてしまう……。
満点の星空と宇宙の輝きにただただ圧倒される時間。
一つひとつの体験にたくさんの気づきが隠されています。

肌に触れる砂まじりの風、刻々と変化していく砂丘の色
素足のまま砂漠を歩いた時、砂の奥のひんやりとした感触……。
サハラ砂漠で体感する心震える感動は
言葉や写真で伝えることは難しいけれど
大声で叫び、飛び跳ねたくなるほどの
神様からのビッグプレゼント！

僕と一緒に
砂漠の奥地へGo♪

Enjoy Camelriding

Travel Column

エキゾチックな邸宅リヤドで魅惑のステイ

モロッコでの滞在は古い邸宅を改装し
プチホテルとして宿泊できる「リヤド」がおすすめ。
路地の奥にひっそりと佇むドアを開けると
外からは想像もできない楽園が広がっています。
アロマの香り漂う美しいパティオにはオレンジの木
繊細なモザイクタイルのイスラム建築など
豪華絢爛！アラビアンナイトの世界観。

1 宮殿のようなパティオにうっとり　2 ピンク一色のお部屋で魅惑の滞在を　3 リヤドエルフェンのバスルームはグリーン！　4 女子旅にもぴったり！ ツインルームが魅力のリヤドブッサ　5 リヤドエニヤはどこを撮っても絵になる

モロカン雑貨を使ったインテリア
色彩美あふれるファブリックのセンス……
リヤドはまさにインスピレーションの宝庫！
モロッコでの旅はリヤドステイも楽しみのひとつです。
大人の隠れ家のような、ホテルとはひと味違った
モロッコならではの滞在をお約束。

1 リヤドモンソーの幻想的なパティオでディナーを　2 ゼリージュが美しいプライベートパティオ　3 アラビアンナイトの世界！　4 インテリアもエキゾチックな雰囲気が漂う　5 リヤドの中にはいつもステキなバラが

Epilogue

世界中を旅していると、心震える感動に出会うたび
ハートの片隅に湧き上がってくる想いがありました。
“この感動の旅を一冊の本にまとめたい”。

頭の中に散りばめられたイメージを
1ページずつパズルのピースを埋めるように
ワクワクしながら進めてきた本づくり。

一歩動き出すと不思議なことに
奇跡のようなご縁やチャンスが繋がっていき
たくさんの方の協力のもと、この一冊をつくることができました。

ひとりでは絶対にできなかったこと。
ステキなご縁や出会いに感謝しかありません。

このような機会をくださった書肆侃侃房編集の池田雪さん
可愛い本に仕上げてくださったデザイナーの増喜尊子さん
カリグラフィーで彩りを添えてくださった柏木先生
現地の取材でお世話になったみなさん
この本を手に取ってくださった読者のみなさん
関わってくださった全ての方に心から感謝しております。

本当にありがとうございました。

この本で紹介しているのは、広い地球上のほんの一部……
まだまだ知らない世界は広がっています。
美しいキセキにあふれたこの世界
旅ができるチャンスに感謝して……。

また、次の旅でお会いしましょう！

Yuka

YUKA
Voyage PHOTO & ATELIER SALON
Travel Photo Writer
www.voyagephoto.jp

著者プロフィール

イギリス留学をきっかけに旅の魅力にはまり
これまでに訪れた国は50カ国以上。
とくに東ヨーロッパ方面への旅が好きで
中世の街並みや民族衣装、手仕事に惹かれ
カメラ片手に世界中を旅しながら撮影を続けている。
旅での様々な経験やインスピレーションをもとに
旅本やコラムの執筆、旅イベントや写真展を開催。
セレクトショップ Fatima Journey 運営など
さまざまな形で“旅”の魅力を発信している

著書
「モロッコ　邸宅リヤドで暮らすように旅をする」(書肆侃侃房)
「I LOVE MOROCCO」(メディアイランド)
「I LOVE EUROPE 女ひとり旅」(プレスセブン)

KanKanTrip24

Bon Voyage！ 世界に恋する旅時間

2020年11月11日　第1版第1刷発行

著　者	YUKA
発行者	田島安江
発行所	株式会社書肆侃侃房(しょしかんかんぼう) 〒810-0041　福岡市中央区大名2-8-18-501 TEL 092-735-2802　FAX 092-735-2792 http://www.kankanbou.com　info@kankanbou.com
写真	YUKA 山内城司(Voyage PHOTO & ATELIER SALON)
世界地図イラスト	miwako iba
カリグラフィー	柏木正代
ブックデザイン	増喜尊子(増喜設計室)
編集	池田雪(書肆侃侃房)
SPECIAL THANKS	Chopin Boutique B&B / InterContinental Budapest / Gerbeaud Budapesut / sayaka uzu / El Fenn / miki shimoji Kaoru Sakamoto / Keiichiro Hayashi
印刷・製本	シナノ書籍印刷株式会社

ISBN978-4-86385-427-7　C0026